# 西武沿線の不思議と謎

高嶋修一・監修
Shuichi Takashima



实业之日本社

# はじめに

西武鉄道には社史がない。もちろん、会社は長年の歴史を積み重ねている。この原稿を書いている二〇一五（平成二七）年は、前身の川越鉄道《かわごえてつどう》（現・新宿線と国分寺線）全通から数えて一二〇周年、武蔵野鉄道《むさしのてつどう》（現・池袋線）開業から数えても一〇〇周年という記念すべき年にあたる。歴史がないなどとは、とても言えるはずがない。

「社史がない」というのは、その歴史をまとめた書物、とりわけ会社自身が編纂《へんさん》したその企業の正史とでも言うべき書物がないという意味である。大手私鉄各社の多くは、創立や開業から数えてキリのよい年次に『〇〇鉄道〇〇年史』などと題した書物を刊行しており、資料的価値の高い書物として研究者の間でも重宝されている。大手ばかりでなく、中小私鉄やJRも社史を出している。また、「社」史ではないが、かつて国鉄は『日本国有鉄道百年史』という、全部で一九巻からなる年史を刊行した。

鉄道会社に限らず、日本ではじつに多くの企業が社史を出している。欧米では企業が史料だけ公開して外部の人間に自由に研究させる場合もあるが、企業自身が社史を編纂するというのは日本独自の習慣である。編纂の過程で自社の歴史を再確認することは、経営者や従業員にとってもよいことだろうし、調査研究が進むきっかけにもなる。それを公刊するのは、広い意味での情報公開であり、ＣＳＲ事業ともいえる。したがって、社史刊行の有無やその充実度は、企業の体質を示す指標にもなる。

さて、西武鉄道である。長い歴史を持ち、日本を代表する私鉄企業の一つがそうした社史を持たないことを、私はたいへん惜しいと思う。たしかに、手間をかけて社史を編纂し、情報を公開しなければならない義務は企業にない。だが、鉄道は公益事業であり、利害関係者は社会全体である。その事業のあゆみはもっと公にされてよいのではないだろうか。

本書は『西武沿線の不思議と謎』と題している。監修にあたって原稿を読むうちに、あれこれの疑問が次々に頭に浮かんできて、西武の歴史には「本当の謎」が多々あるのだと再認識した。この本もずいぶん多くの不思議や謎を解いているが、じつは解き切れなかった謎もある。いつか西武鉄道の社史が刊行されたら、本書を読み終えた皆さんとともに、新しい謎ときを楽しんでみたい。

高嶋修一

二〇一五年一二月

西武沿線の不思議と謎《目次》



## 第一章 意外な事実が見えてくる! 西武鉄道のヒミツ

01

## 第二章 この目で確かめたい! 沿線ユニークスポット案内



02

## 第三章　地図から浮かび上がる　路線の不思議

03

# 第一章
# 意外な事実が見えてくる！西武鉄道のヒミツ

# 銀河鉄道・あのはな・ガンダム……
# 西武鉄道にアニメコラボが多いワケ

西武全線

アニメファンならば、二〇〇九（平成二一）年から二〇一四（平成二六）年まで『銀河《ぎんが》鉄道《てつどう》９９９《スリーナイン》』（以下『９９９』）のラッピング電車が池袋線内を走っていたことを知る人は多いだろう。宇宙をイメージした青色の車体で、前面に描かれたヒロイン・メーテルのデザインは、原作者の松本零士《まつもとれいじ》さん自身が手がけたものだ。『９９９』を採用したのは松本さんの自宅の最寄り駅が大泉学園《おおいずみがくえん》という縁があったからで、沿線の活性化につなげようと西武鉄道と練馬区が依頼して実現した。

大泉学園駅では『９９９』に登場するキャラクター「車掌《しゃしょう》」が名誉駅長を務め、発車メロディも『９９９』のテーマソングとなっている。駅周辺の六つの商店街はメーテルをモチーフにした「ゆめーてる」をキャラクターにし、「ゆめーてる商店街」とするなど、地元も積極的にかかわったことでさらに盛り上がっている。

しかし、そのラッピング電車は二〇一四年一二月に姿を消した。ラッピング電車に使用していた三〇〇〇系車両が導入から三〇年以上を経過して引退の時期を迎えたからだ。

現在は、松本零士さんや区内の市民団体、商店街などがラッピング電車を復活させる実行委員会を結成し、寄付を募るなどの取り組みを行なっている。

## マスコットキャラクター「レオ」がつないだ縁

西武鉄道のアニメとのコラボレーションは『999』だけではない。話題となったアニメ作品とのコラボレーションの例は多い。

たとえばテレビアニメと映画で大ヒットした『あの日見た花の名前を僕達はまだ知らない。』（以下『あのはな』）が、二〇一三（平成二五）年に劇場版を上映したのに合わせて、西武鉄道がラッピング電車の運行を実施。『あのはな』が西武鉄道沿線の秩父を舞台設定としていることから、作品にちなんだ場所の巡礼マップ配布やスタンプラリーを行なった。

二〇一四年の夏には、同じく秩父で『進撃《しんげき》の巨人《きょじん》』とコラボレーションしたスタンプラリーを実施。ほかにも『妖怪ウォッチ』や『ポケットモンスター』などのスタンプラリーを行ない、多くの子どもが殺到するほどの人気を博した。

西武鉄道でアニメとのコラボレーションが多いのは、沿線に多くのアニメスタジオが存在するからにほかならない。池袋線の大泉学園駅には東映アニメーションの制作拠点である大泉スタジオ、新宿線の上井草《かみいぐさ》駅には『機動戦士《きどうせんし》ガンダム』（以下『ガンダム』）などを手がけるサンライズ、田無《たなし》駅にはシンエイ動画、高田馬場《たかだのばば》駅には手塚プロダクションといった具合で、全国に約四〇〇社あるアニメ製作会社のうち、沿線の練馬区や杉並区、西東京市に約一八〇社が所在する。さらに漫画界の巨匠たちが住んでいたことで有名なトキワ荘は、池袋駅の隣の椎名町《しいなまち》駅が最寄り駅であった。

こうした縁から、駅の発車メロディにアニメソングを採用している駅も多く、前述した大泉学園駅のほかに、上井草駅は『ガンダム』、椎名町駅では『怪物くん』のテーマ曲が流れている。

昨今のアニメとの縁の深さに加え、さらに西武鉄道とアニメを強く結びつけているのが、プロ野球チーム・西武ライオンズのマスコットキャラクターである『ジャングル大帝《たいてい》』(手塚治虫《てづかおさむ》作)のレオだろう。一九七八(昭和五三)年から採用され、現在も使われ続けているレオは、今や会社のシンボル的な存在にまで成長している。

こうした状況が西武鉄道に人気のアニメとのコラボを数多く実現させ、「アニメといえば西武」と言われるようになったのである。西武鉄道のさまざまな駅で見られるアニメとのコラボレーションが、どこでどのように演出されているのか探しながら巡ってみるのもおもしろい。

## 中村橋駅にある街路灯の支柱は使い終わった古レールをリサイクル

池袋線
SI 07
なかむらばし
中村橋
Nakamurabashi

池袋線・中村橋《なかむらばし》駅周辺にはオシャレスポットがいくつかある。デートや女子会にぴったりなフレンチやイタリアンのレストランが点在し、駅から三分の練馬区立美術館では日本の近現代美術を中心とする展覧会が催されている。そしてもう一つ、この駅を訪れた際に見逃せないのが駅北口の街路灯だ。

街路灯は鉄材をYの字型に組み、その先端に街灯を配したシンプルなもの。高架下の壁面に沿って六基設置されており、植栽のツタとあいまって上品な雰囲気を醸し出している。造形の巧みさといい、渋いダークグリーンの色味といい、通好みのアートといえるだろう。

このオシャレな街路灯、じつはリサイクル品によってつくられている。言われなければ気づかないが、支柱の素材はなんとレールでできている。使い古しのレールを再利用し、アート作品に仕立て上げているのである。見事な出来栄えが評価され、二〇〇三（平成一五）年に「軌条燈《きじょうとう》（レールランプ）」として「日本の鉄道・パブリックアート大賞」の佳作を受賞している。

## 大正・昭和初期のレールを再利用！

一九三〇年代に入るまで、レールの再利用は各地の鉄道で行なわれていた。衝撃に強く、耐久性があって腐食しにくいため、磨耗してレールとしては使用できなくなったとしても、ホームの屋根を支える柱などの建築資材としては十分使用できたのだ。

中村橋駅では、もともと旧駅舎のホームに古レールが使われていた。そして駅舎が建て替えられると、古レールは街路灯として再び利用されることとなったわけだ。

六基の街路灯は、一基あたり二本のレールを使っている。それぞれに生産社名、製造年などのデータを記した解説板がついており、それを見るとどのレールもかなり古いことがわかる。日本の官営八幡製鉄所《かんえいやはたせいてつじょ》製（一九二八年）をはじめ、ポーランドのクロレフスカ・フータ製鉄所製（一九二七年）、アメリカのカーネギー・スチール社製（一九一四年）、同じくアメリカのUSスチール・テネシー社製（一九二四年）、フランスのウエンデル社製（一九二五年）、同じくフランスのミッシュビル社製（一九二六年）、ドイツのグーテホフヌング・ヒュッテ製鉄所製（一九二六年）といった具合に、製造から八〇～一〇〇年ほど経過している。

ちなみにアメリカのカーネギー・スチール社は、鉄鋼王と称されたアンドリュー・カー

中村橋駅の駅舎外にある街路灯。一基ごとに古レールのデータが書かれた看板が設けられている。

ネギーが設立した会社。ドイツのグーテホフヌング・ヒュッテ製鉄所は、官営八幡製鉄所にレール製造の技術を供与した会社である。

古レールの再利用にはコストと手間がかかるため、今日においては建築資材として用いることはまずない。西武鉄道沿線においても、駅舎の改築時にホーム上から撤去するケースがほとんどで、豊島園駅の一部など、限られた場所でしか見ることができない。

そのように考えると、芸術的な価値とともに鉄道遺産としての価値も併せもつ中村橋駅の街路灯は貴重といえる。

# なんと西武線を京急電車が走っていた!?

新宿線
池袋線

西武鉄道の車両といえば黄色い車体がシンボルカラーのはずである。ところが、ある時期から赤い塗装に白ラインを配した車両が走る姿を目撃されるようになった。

赤地に白いラインの車両といえば、京急電鉄《けいきゅうでんてつ》を思い出す人も少なくないだろう。京急は品川から神奈川県南部の三浦半島《みうらはんとう》に延びていく私鉄だ。多摩地域や埼玉県西部へ路線を展開している西武とは離れており、相互乗り入れも行なっていない。だから、京急の車両が西武の線路を走ることなどあり得ない。にもかかわらず、赤地に白ラインの列車を目にするのは、西武鉄道が自社の車両を「京急の車両風」にペイントして走らせていたからだ。京急とのコラボレーション企画であり、「幸運の赤い電車（ＲＥＤ　ＬＵＣＫＹ　ＴＲＡＩＮ）」と銘打って一編成だけ運行していた。

きっかけは、京急線内で資材運搬用として使用している事業用車両の存在だった。この車両は赤い車両ばかりが走る京急線のなかで、珍しく黄色い車体をしている。週に一、二度、限られた区間でのみ運行していたため、めったにお目にかかれない。そのため沿線では、この車両を見た人は幸せになるという噂が広まっていた。

これを知った京急は、「沿線に幸せを広めたい」と、二〇一四（平成二六）年の五月一日から、新一〇〇〇形車両の一編成を黄色に塗装。「幸せの黄色い電車（KEIKYU YELLOW HAPPY TRAIN）」と名づけて走らせた。

やがてこの車両が西武の車体に似ていると話題になった。そこで、京急が西武に呼びかけ、両社によるコラボレーションが実現したというわけだ。

呼びかけを受けて、西武鉄道は九〇〇〇系車両を赤色に塗装。京急の車体と同じように側面に白いラインを配した一〇両一編成を誕生させた。運行を開始した二〇一四年は、一二年に一度の秩父《ちちぶ》札所《ふだしょ》午歳《うまどし》総開帳《そうかいちょう》の年。秩父の三四カ所の霊場にある秘仏が公開されるというおめでたいイベントに、縁起のよい紅白カラーはぴったりだった。

運行開始日の七月一九日には、デビュー記念イベントとして、池袋駅で出発式が執り行なわれたほか、西武球場駅前では通常の黄色い九〇〇〇系と並べた撮影会も開催された。

「幸運の赤い電車」の運行時間は決まっておらず、普通の車両と同じように走っていた。運行区間はおもに池袋線の池袋〜飯能間で、ごくまれに新宿線に出没したこともあるようだ。たったの一編成というから、めぐり合えれば幸運だったが二〇二〇年に運行終了した。

# 遊園地と球場をつなぐレオライナーは、昔おもちゃの鉄道だった

山口線

西武鉄道が所有する一大アミューズメントエリア・西武園《せいぶえん》ゆうえんちと、西武ライオンズのホーム球場・ベルーナドーム（西武ドーム）をつないでいるのが、新交通システムの山口線《やまぐちせん》（レオライナー）である。新交通システムとは、東京の「ゆりかもめ」や大阪の「ポートライナー」に代表されるような、通常のレールを用いずに専用の走行路を走る鉄道のことで、コンクリート（一部、橋梁などには鉄製もある）製の走行路をゴムタイヤで走行する。走行路の側面に案内レールを設ける側方《そくほう》案内方式と、中央部に案内レールを設ける中央案内方式の二タイプに大別される。

山口線は側方案内方式で、日本中に数々ある新交通システムのなかでは二・八キロメートルともっとも短い。しかし、ベルーナドームで野球の試合がある日はたいへんな混雑ぶりであり、短いながらも重要な役割を担っている。

そんな山口線だが、歴史をひも解くと異色の経歴が明らかになる。山口線は開業当初、西武遊園地《せいぶゆうえんち》（現・西武園ゆうえんち）内を走る観光用のミニ鉄道だった。わずか七六二ミ

リメートル幅の線路の上を小さなサイズの車両が走っていた。当時の地方鉄道法《ちほうてつどうほう》に準拠した正規の営業用鉄道ではなく、遊戯施設の一つ、つまりおもちゃの鉄道として扱われた。

開業したのは一九五〇（昭和二五）年のことで、西武鉄道が狭山湖（山口貯水池）と多摩湖（村山貯水池）周辺の観光事業の一環として戦前に免許を取得していた区間をなぞるものだった。開業当時は多摩湖ホテル前（現・多摩湖駅）〜上堰堤《かみえんてい》（現・山口信号所《やまぐちしんごうじょ》）間を往復し、翌年には上堰堤駅から西側のユネスコ村駅まで開通して、全長三・九キロメートルとなった。現在の山口線より一・一キロメートルほど距離が長かったことになる。

敷設前は電車が想定されていたものの、結局は非電化で建設され、バッテリー式の機関車が用意された。機関車は丸みを帯びた凸型でかわいい形状をしており、客車は窓ガラスのないトロッコ風の洒落たデザインだった。その様子が、おとぎの国の列車のようだとして「おとぎ電車」の愛称がつけられ、親しまれた。

## 蒸気機関車を走らせて大人気に

そんなおもちゃの鉄道も、開業の二年後には正式に地方鉄道となる。敷地内を一周して戻るのでなく、二地点間を結んで営業していたために、鉄道事業とみなしたほうがふさわしいと判断されたのかもしれない。

こうして正式な地方鉄道となったものの、車両は相変わらず「おもちゃ」のままだった。この状態が大きく変化したのが一九七二（昭和四七）年である。

新潟県の頸城鉄道《くびきてつどう》で保存されていたドイツ・コッペル社製の蒸気機関車を、西武鉄道が借用して走らせたのである。これは七六二ミリメートル軌間用の小型機関車で、かつては各地の地方私鉄で数多く走っていた。このなつかしい機関車が山口線で復活したというわけである。率いられる客車も、岡山県の井笠鉄道《いかさてつどう》から譲り受け、軽便鉄道《けいべんてつどう》の趣きが強くなった。

時はSLブームの真っ盛りで、東京近郊で小さいながらも本物の蒸気機関車に乗ることができるとあって、山口線には乗客が殺到。西武鉄道は井笠鉄道からも同タイプの蒸気機関車を借り受け、頸城鉄道からきた機関車を謙信号《けんしんごう》、井笠鉄道からきた機関車を信玄号《しんげんごう》と名づけて二両態勢で運行した。それでも休日には二時間も待たなければ乗れないほどの人気となった。

その後、謙信号と信玄号は老朽化したために返却されたが、一九七七（昭和五二）年からは台湾でサトウキビ輸送用として活躍していた二両の蒸気機関車が代わりに登場する。初代より一回り大きなタイプだったため、路線の改築工事も行なわれた。

1953年撮影の写真。おとぎ列車と呼ばれていた頃には、小さな充電式機関車が客車を率いていた。（毎日新聞社提供）

しかし一九七九（昭和五四）年に西武ライオンズの球場がオープンすると、従来のような列車では観戦客の輸送に間に合わず、蒸気機関車の運行は一九八四（昭和五九）年に惜しまれながら幕を閉じた。そして翌年、狭山線の西武球場前駅から、多摩湖線の西武遊園地駅までを結ぶ新交通システム・レオライナーが登場し、今に至っている。

かつての蒸気機関車は現在、北海道の「丸瀬布《まるせっぷ》森林公園いこいの森」で見ることができる。機関車は静態保存（動作できない状態で保存）され、客車は園内の観光用鉄道においていつでも走れるよう動態保存されている。機会があればぜひ訪れて、多摩湖畔を走った鉄道に想いを馳せてみてほしい。

# 西武鉄道にヤギの駅員がいるってホント？

池袋線

SI
29

むさしよこて
武蔵横手
Musashi-Yokote

近年、鉄道駅にいる動物が注目を集めている。和歌山電鐵《わかやまでんてつ》の「たま」（二〇一五年に他界）をはじめ、会津鉄道《あいづてつどう》にいる「ばす」と「らぶ」の二頭、ひたちなか海浜鉄道《かいひんてつどう》の「おさむ」（二〇一九年他界）などネコたちが、駅の職員となって広告塔の役目を果たしている。

そんな動物職員が西武鉄道にも存在する。池袋線・武蔵横手《むさしよこて》駅のヤギたちだ。

武蔵横手駅のホームに立って線路の先を見ると、広い空き地のような場所にヤギが三頭、草を食べている光景が目に入るだろう。彼らが件《くだん》のヤギたちである。

他社の動物職員は〝職員〟とはいうものの、仕事らしい仕事はしていない。しかし、武蔵横手駅のヤギたちは違う。彼らにはきちんとした業務があり、それを毎日こなしているのだ。その業務とは、草刈りである。

武蔵横手駅の線路脇には、雑草が茂る五〇〇〇平方メートルにも及ぶ社用地があり、ある程度伸びたら草刈りを行なわなければならない。かつては駅員がガソリンエンジンの機械を使って草刈りをしていたが、広い土地だけに容易ではない。さらに機械を動かすために、年間七六リットルものガソリンを必要とした。

この駅員の労力とガソリン代を浮かすのに何かいい方法はないものか……。そう考えた末に出されたアイデアがヤギの飼育だった。ヤギが草を食べれば人間が草刈りをする必要がなくなり、ガソリン代も浮く。また、機械を作動させることによって生じる二酸化炭素も削減でき、環境にもいい。一石三鳥というわけである。

二〇〇九（平成二一）年八月、武蔵横手駅にオスとメスの二頭のヤギがやってきた。「そら」「みどり」と名づけられたヤギ夫妻は、草をせっせと食べ続け、見事に職務をまっとうしてみせた。二〇一一（平成二三）年二月には二世のオス「だいち」が、翌年五月にはメス「はな」が誕生。父の「そら」は残念ながら二〇一四（平成二六）年三月に亡くなり、現在は「みどり」と子どもたちの計三頭が、家族で草刈りの仕事にいそしんだ。知名度が上がり、地元の子どもたちが〝職場訪問〟にやって来たり、東京臨海広域防災公園や南入曽車両基地、西武ドームへのイベントの出張など仕事の幅が広がっていた。しかし残念なことに二〇一六年に子ヤギの「はな」と「だいち」が他界、母ヤギの「みどり」も二〇二一年九月に亡くなって、ヤギたちの姿を見ることはできなくなった。

# 「ボートレース多摩川」がつくられた驚きの経緯

多摩川線

SW 05

きょうていじょうまえ
競艇場前
Kyōteijō-mae

多摩川線の終点・是政《これまさ》駅から一つ東側に競艇場前《きょうていじょうまえ》駅がある。その名の通り、駅の目の前には競艇場が位置している。

ここは長らく多摩川競艇場として親しまれてきたが、二〇一〇（平成二二）年にボートレース多摩川と名前を変え、近年はアイドルや芸人のライヴを催して集客アップを図っている。さらにオリジナルキャラクター「静波《しずなみ》まつり」を登場させて話題を呼ぶなど、競艇場のPRに力を入れている。

競艇場がここに誕生した背景に、多摩川線の開業が深くかかわっているというと意外に思うかもしれない。

多摩川線の前身は、一九〇八（明治四一）年に免許を取得した多摩鉄道である。一九一七（大正六）年に境《さかい》駅（現・武蔵境《むさしさかい》駅）から北多磨《きたたま》駅（現・白糸台《しらいとだい》駅）までを開業。一九一九（大正八）年には常久《つねひさ》駅（現・競艇場前駅）、その三年後には是政駅まで延伸した。

全長八キロメートルと、さして長くない距離に鉄道が敷設されたのにはわけがある。そ

砂利採掘で空けられた大きな穴は、埋め戻されることなく競艇場へと利用された。奥にある東京競馬場も砂利穴を活用した施設。（撮影：国際総合企画株式会社）

れは近くを流れる多摩川から砂利を採掘し、輸送するためだった。

## 危険な砂利穴を競艇場に有効利用

関東大震災以後、丈夫なコンクリート製の建築が注目され、建材として川砂利の需要が急速に高まっていた。最も需要の多い場所は東京都心部であり、その近郊で砂利が手に入るとなれば、採掘と輸送だけで大きな事業となった。

砂利の採掘と輸送事業は、多摩鉄道が旧西武鉄道に合併された一九二七（昭和二）年以降も続いた。

しかし需要に応えるままに採掘したため、さまざまな問題も引き起こした。掘りすぎて、多摩川の河床が二メートル近くも低くなったのである。その結果、多摩川にある農業用水の取水口に川の水位が届かなくなり、水を引き込めなくなった。さらに地中深く埋まっているはずの橋脚も、砂利が取り払われることで下部が露出してしまい、橋梁の安全性が危ぶまれるようになった。

また、採掘によってできた穴では、子どもの落下事故が起きた。さらに、ゴミ捨て場代わりにもされて悪臭がただよい、虫の温床となった。

西武鉄道は対策の必要に迫られた。小さな穴は埋め戻せばよいが、直径数百メートルほどの大きな穴については、埋め戻すとなるとたいへんな労力とコストを要する。

そこで、穴をそのまま利用し水を貯め、競艇場をつくることにしたのである。これが一九五四（昭和二九）年に開業した多摩川競艇場というわけだ。

オープンした後も砂利の採掘は続けられ、レース中も、土砂をさらう浚渫船《しゅんせつせん》や砂利を運ぶトロッコの姿が見えたという。

その後、一九五五（昭和三〇）年に西武は競艇の開催権を青梅市《おうめし》、東村山市《ひがしむらやまし》、小平市《こだいらし》、日野市《ひのし》、国分寺市《こくぶんじし》などの近隣の都市に譲渡し、施設提供のみを行なうこととなった。砂利輸送は一九六四（昭和三九）年に終了し、多摩川線は、旅客輸送を中心とするように変わっていったのである。

# 屋上庭園のベンチが語る旧所沢駅の面影

池袋線 SI 17
新宿線 SS 22
ところざわ
所沢
Tokorozawa

所沢《ところざわ》駅は、西武鉄道本社の最寄り駅として知られている。駅舎は、二〇一〇（平成二二）年から二〇一三（平成二五）年まで行なわれた改良工事によって新駅舎へ生まれ変わった。この新しい駅舎は同年、鉄道建築協会の「停車場建築賞《ていしゃばけんちくしょう》」を受賞した。駅舎そのものの価値向上に貢献したとして贈られたのだ。応募総数一〇七作品から選出された理由は、授乳室やキッズトイレの整備をはじめとする施設の充実にあった。

また憩いの空間を創出したことも評価された。改札内の中二階にあるオープンテラス「とこてらす」では、西武ライオンズの地元とあって、野球観戦ができる大型モニターが設置されているほか、音楽イベントや子ども向けの制服撮影会なども行なわれる。

さらに屋上にはハーブや四季折々の草花が植えられた屋上庭園「トコニワ」がある。ここも停車場建築賞で評価された設備の一つだ。風力発電による照明や、芝生の水に雨水を利用するなど、環境にも配慮した設備となっている。

## 開設当初より駅を「支えた」建材

屋上庭園の特徴はこれだけにとどまらない。ベンチは古びた石で、「トコニワ」の看板の支柱は古レールの再利用だ。緑あふれる憩いの空間に使う素材としては少し古ぼけた印象だが、これは改築する前の所沢駅で長年使われていた建材である。

じつは改築前の所沢駅は、修築を繰り返しながらも、開業以来の姿を留めていた。今回の改築でも貴重な駅施設の面影を残そうと、一部を屋上庭園に残すことにしたのである。

ベンチとして利用したのは、宇都宮《うつのみや》付近で採掘される大谷石《おおやいし》という石材である。所沢駅では、一八九五（明治二八）年の開業から、ホームの土台として大谷石を使っていた。当初は一段だったが、車両の車高が上がる度にホームもかさ上げされ、最終的には大谷石を三段積みにしたホームとなった。ベンチは、これらのホームの石を再利用したものである。

看板の支柱に使っているレールは、一九一七（大正六）年にアメリカのカンブリア・アイアン社で製造されたものだ。旧所沢駅では、ホーム屋根を支える支柱に、専《もっぱ》ら古レールを使い、それらを曲げて、ホームの柱や梁《はり》としていた。これを再び活用したのである。

新しくてきれいな駅舎のなかにあっても、かつてそこで使われていた建材が歴史を物語っている。それも所沢駅の魅力の一つといえるだろう。

所沢駅の屋上庭園トコニワにある旧駅舎の建材。上の写真が古レールを用いた看板の支柱。下の写真が旧ホーム土台の大谷石を用いたベンチ。

# かつて多摩川線を走っていた野菜列車ってなんだ？

多摩川線

多摩川線は、府中市の多摩川河川敷にほど近い是政駅から、武蔵野市の武蔵境駅までの区間を運行している。この多摩川線は、武蔵境駅でJR中央線に接続しているのみで西武鉄道のほかの路線からは孤立している。多摩川線の名はもともと多摩鉄道という別の鉄道会社が開業したことに由来する。多摩川線は、全線で八キロメートル、わずか六駅という短い区間を単線で運行しているが、かつてはいくつかの引き込み線をもっていた。

その一つは一九三九（昭和一四）年に建設工事が始まった調布《ちょうふ》飛行場《ひこうじょう》への資材搬入線で、現在の多磨駅の北側にあった分岐点から東へ延びていた。太平洋戦争中は専ら軍用に使われ、戦後はアメリカ軍に接収された。では、この引き込み線をアメリカ軍はどのようなことに使ったのか。その用途は意外にもなんと野菜の運搬だった。

## 占領軍が野菜づくりを行なった理由

調布飛行場を接収したアメリカ軍は、飛行場の西側あたりに米軍専用の畑をつくってい

## 1957(昭和32)年当時の調布飛行場周辺図

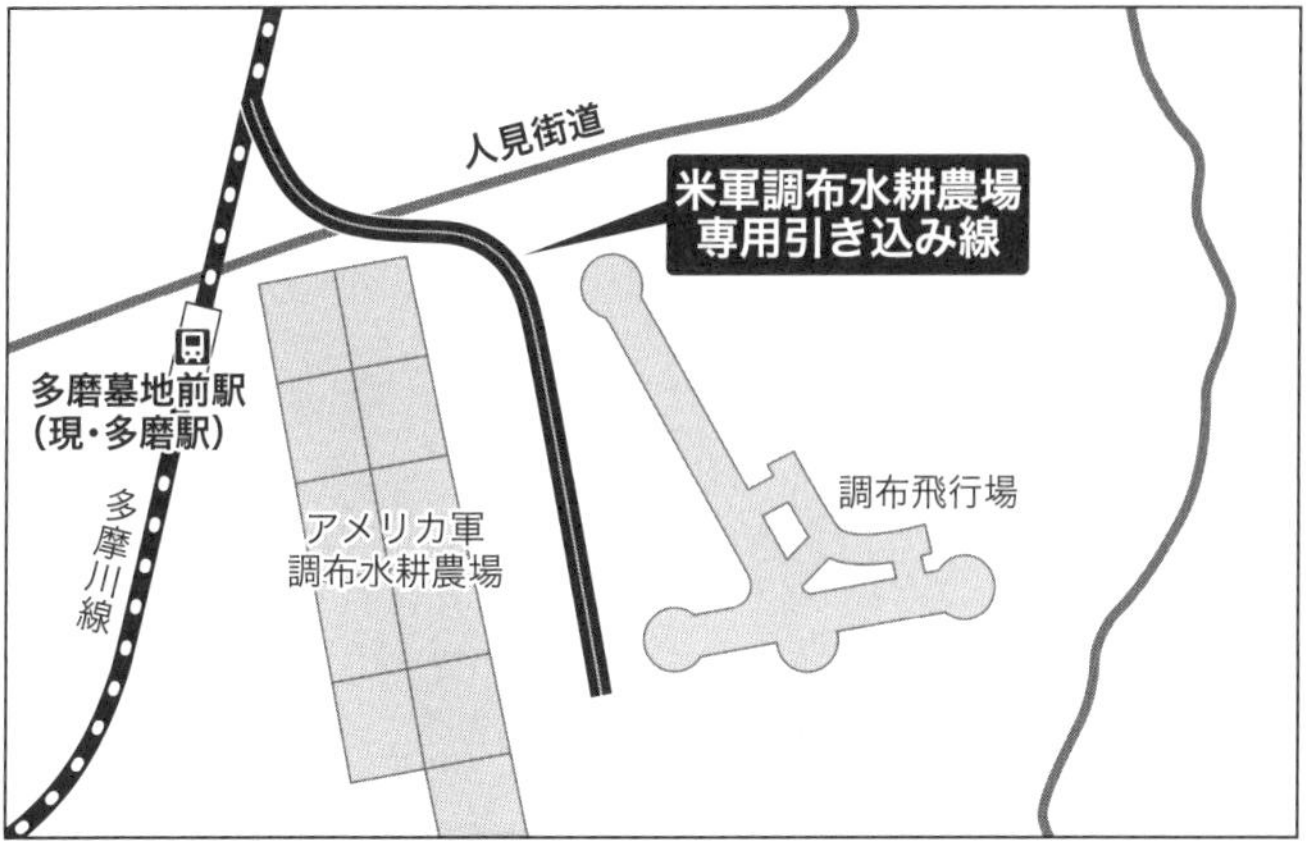


1946(昭和21)年から1952(昭和27)年まで、調布飛行場の西側一帯は米軍専用の水耕農場だった。接収解除後も使用されたが、1961(昭和36)年に住宅地建設のために閉鎖され、多摩川線からの引き込み線も撤去された。

アメリカ軍調布水耕農場の内部。約20ヘクタールの巨大な水耕農場のなかで、アメリカ軍専用の野菜を育てていた。(毎日新聞社提供)

た。調布水耕農場《ちょうふすいこうのうじょう》と呼ばれ、約二〇ヘクタールの水耕栽培地と、約一〇〇ヘクタールの土壌栽培地をもつ広大な農場だった。占領軍が農作物をつくった背景には、日本国内で普及していなかった西洋野菜の供給のためという理由もあったが、関係者が日本の野菜を受け入れられなかったという点が大きい。

当時、日本に駐留したアメリカ人にとって、日本の農法は衝撃的なものだった。下肥《しもごえ》、いわゆる人糞を肥料として野菜を育てていたからである。アメリカ人たちは下肥を用いた農法に強い抵抗があり、自分たちの手で野菜を育てた。そして収穫した野菜を、通風車や冷蔵車などの専用車両に積み込み、全国の米軍基地へ供給していたのである。

一九五二（昭和二七）年にアメリカ軍による接収が解除されたが、調布水耕農場は接収財産から提供施設区域に変更され、一九六一（昭和三六）年まで使用された。その後、跡地は再開発され、不要になった引き込み線も撤去された。農場や線路があった場所には、二〇〇〇（平成一二）年に東京外語大のキャンパスが、翌年には警察大学校や味の素スタジアムが完成し、近年、大きく様変わりした。

かつての引き込み線の跡は、現在の区画のなかにわずかに名残をとどめている。人見街道沿いに、周囲の区画から南東方向にずれた家々があるのだ。この区画のずれこそ、当時新鮮野菜列車が走っていた痕跡にほかならない。

新宿線
SS 02
高田馬場《たかだのばば》
Takadanobaba

# 高田馬場駅のホームの位置から見える旧西武鉄道の野望

新宿線は、川越や西東京方面から都心に向かい、高田馬場《たかだのばば》駅でJR山手線に合流する。高田馬場駅周辺の地図を見ると、新宿線の高田馬場駅は山手線の高田馬場駅の東側に位置していることに気づくだろう。

ここで一つ、疑問が浮かぶ。都心を目指して西から走ってきたのなら、山手線の西側に駅をつくるのが自然なように思える。しかし、新宿線の高田馬場駅は、山手線をくぐり、その東側に駅をつくっている。なぜこのような不自然な接続になったのか、この謎を解くために新宿線の高田馬場駅の歴史を振り返ってみよう。

新宿線の高田馬場駅が開業した一九二七（昭和二）年当時、高田馬場エリアはまだ東京市の外に位置していた。

旧西武鉄道は、都心部へのルートを確保するため、高田馬場駅から早稲田《わせだ》方面へ延伸する計画を立てていた。早稲田で東京市が計画していた地下鉄と接続するつもりだったのである。事実、一九二六（大正一五）年には高田馬場～早稲田間の免許を取得している。

想定ルートは、高田馬場駅から地下線にして、現在の早稲田大学理工キャンパスのある戸山ヶ原《とやまがはら》を通り、さらに穴八幡《あなはちまん》を通って戸塚町《とつかまち》に至るというもの。戸山ヶ原では省線と貨車の受け渡しを行ない、穴八幡あたりで東京市の計画していた地下鉄・池袋〜洲崎《すざき》線と連絡、さらに戸塚では市電とも接続する予定だった。

このルートが実現できれば、川越や西東京方面からの客を都心まで一気に運ぶことが可能になるし、早稲田大学などの学生客の利用も期待できた。旧西武鉄道にとっては喉から手が出るほど欲しいルートだった。

旧西武鉄道は、この延伸を想定して、山手線の内側に高田馬場駅を開業したというわけだ。神田川が形づくった崖線《がいせん》を無理やり越えるために、急カーブや急勾配をもつ険しい線形となった。山手線の手前で急カーブしたあと、すぐに山手線の下を通り、急勾配を登って山手線・高田馬場駅の東側に到着するというこのルートは、現在も変わらない。

## 新宿線の延伸計画を妨げた二つの大問題

ところが、この延伸計画は頓挫してしまう。理由は大きく二つあった。

第一の理由は、関東大震災後当時の東京市の都市計画にある。当時、市は「私鉄は郊外に住む通勤者を山手線まで運び、そこから先の輸送は東京市営の地下鉄や市電、市バスが

## 1928（昭和3）年当時の早稲田延長計画線

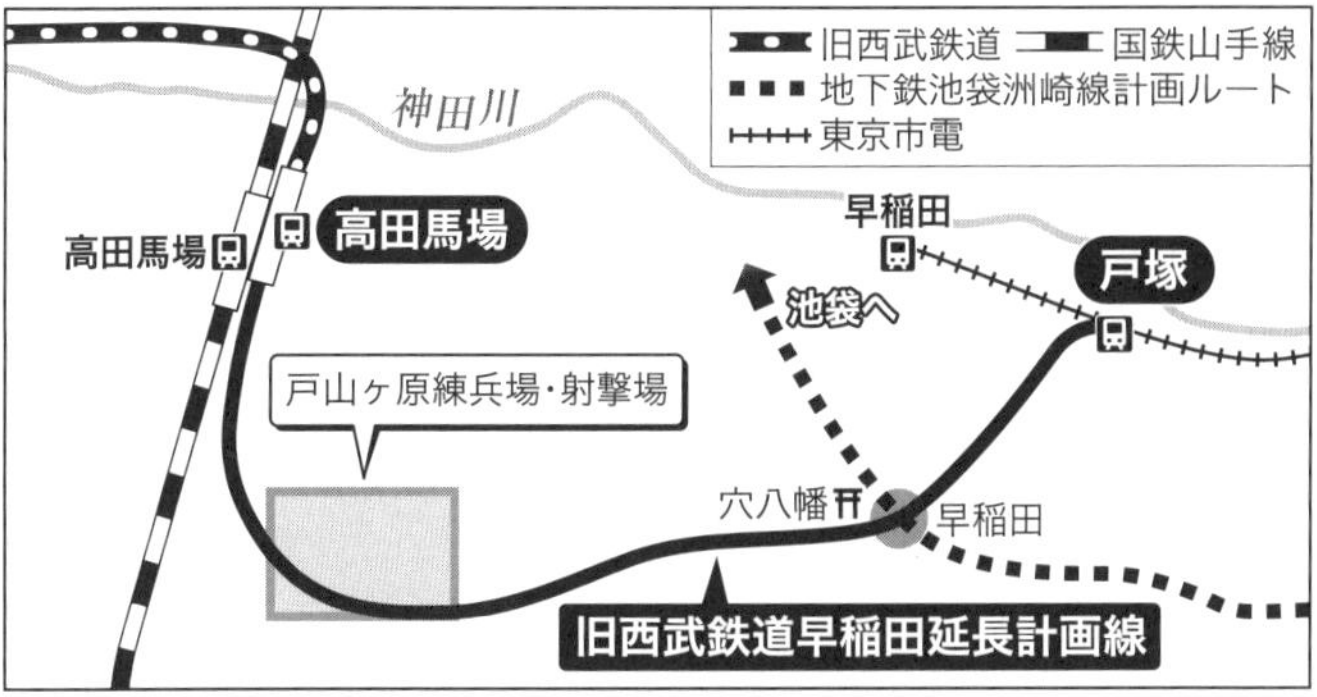


旧西武鉄道は、早稲田で東京市が計画していた地下鉄と連絡し、戸塚で東京市電へ接続する計画を立てていた、そのため高田馬場駅は山手線の東側に設けられた。

担当する」という基本スタンスをとっており、私鉄の東京市内延伸を嫌っていたのだ。

第二の理由は、戸山ヶ原に陸軍の射撃場があったことだ。この地は一八七四（明治七）年に陸軍用地として接収され、射撃の練習場が設置されていた。旧西武鉄道は射撃場の地下に路線を通せないかと考えていたが、工事の認可が下りず、東京市の都市計画とあいまって早稲田延伸を断念せざるを得なかったのである。

戦後の新宿線は、ターミナル駅を求めて新宿駅へと延伸する。険しい地形を乗り越えてまで山手線の内側へ設置した高田馬場駅であったが、向かう先は早稲田方面ではなくなった。現在、早稲田方面へは、西武鉄道ではなく東京メトロ・東西線が通っている。

# 新宿で西武新宿駅だけが離れている理由

新宿線 SS 01

せいぶしんじゅく
西武新宿
Seibu-shinjuku

新宿駅はJR線をはじめ、小田急線や京王線、地下鉄など多くの路線が集結している日本有数の大ジャンクションである。そのなかで、唯一西武鉄道の西武新宿駅だけがポツンと離れた場所にある。その距離、直線で約三〇〇メートル。歩行距離にすると四二〇メートルもあり、JRの改札口まで五分以上もかかってしまう。通勤客や通学客にとって、これはかなり不便である。

それにしても、なぜ西武鉄道の駅だけが離れてしまったのか。

西武新宿駅が現在の場所に開業したのは、それまで高田馬場止まりだった路線を新宿まで延伸させ、新宿線とした一九五二（昭和二七）年三月のことである。西武鉄道としては、新宿駅東口まで延びていた西武軌道《せいぶきどう》という路面電車の軌道跡を利用して、国鉄新宿駅（現・新宿駅）まで乗り入れるつもりだった。しかし、この時点では国鉄新宿駅まで建設せず、現在の西武新宿駅のある歌舞伎町西《かぶきちょうにし》に仮駅を設置したのである。

最初から国鉄新宿駅まで路線を延ばさなかったのは、新宿駅前の整備が始まっていたためだ。従来の木造駅舎をとり壊し、東口に「新宿民衆駅ステーションビル」（現在のルミネエスト）が新しく建つことになっていた。西武鉄道は、この駅ビルの二階に接続する予定であり、駅ビルの完成を待っていたのである。そのため、歌舞伎町西の駅舎は平屋建ての簡単なもので、あくまで仮のものと考えていた。

## 車両がホームに入りきらず、苦渋の決断

駅ビルの完成を待っている最中、新宿線に想定外のことが起きる。駅ビルの完成は一九六四（昭和三九）年だったが、そのあいだに西武線の利用客が急増したのである。それと併せて編成も長くなり、四両編成が六両編成となり、さらに八両、一〇両と増加することとなった。

ところが、駅ビル内に予定されていた新宿線の施設は、島式ホーム一本で、わずか六両編成の車両が二本しか入線できない設計だった。これでは一〇両編成となった新宿線の車両がはみ出してしまうことになる。たとえ六両編成で乗り入れを果たしたとしても、混雑状況の悪化は目に見えており、西武鉄道はやむなく駅ビルへの乗り入れを断念した。そして、木造の仮駅舎を大改修し、一九七七（昭和五二）年にプリンスホテルや商店街が入った西武の駅ビルをオープンしたのである。

ルミネエストには西武鉄道が乗り入れる計画を考えていた証拠が今も残っている。一階が広い吹き抜けになっており、天井がかなり高い。じつはこの空間こそが、新宿線の乗り入れを予定していたスペースの名残である。

## バブル崩壊のあおりを受けて悲願はまたも頓挫

その後も西武鉄道は、新宿駅への乗り入れを完全に諦めたわけではなかった。バブル期には、新宿線の上石神井《かみしゃくじい》～西武新宿間一二・八キロメートルの地下に急行用の路線を新設して、新宿駅へ乗り入れようという計画を立てている。駅は地下鉄丸ノ内線のメトロプロムナードと、靖国通り地下のサブナードのあいだの地下に新設する予定で、完成は一九九七（平成九）年を予定していた。

しかし一九九五（平成七）年、この計画も白紙になってしまう。地下水対策などにより、建設費用が当初の試算より一・八倍にも膨れ上がったうえ、バブル崩壊による景気悪化や新宿線の利用客の減少が重なったのが原因だった。

ただ、もし新宿線までが乗り入れていたら、現在の新宿駅の混雑はさらに激しいものになっていたにちがいない。二つの駅が離れていることがターミナルへの一極集中をさけ、混雑緩和に寄与しているのも事実なのである。

# ライバルである西武新宿線とJR中央線の知られざる親密な関係

新宿線

国分寺線

鉄道各社は、沿線住民が離れていかないように、時間短縮やサービス向上をかかげ、魅力ある路線であり続けるために努力している。とくに首都圏と郊外を結ぶ鉄道各社間の競争は激しい。これは西武鉄道とて例外ではない。新宿線とJR中央線は走っている場所が近く、また拝島駅からは二社とも新宿駅へと直通する列車を走らせているため、競争は熾烈である。

現在のこのライバル関係からは想像し難いが、西武とJRそれぞれの前身は共存関係にあった。現在の新宿線・国分寺線の線路を走った列車が、現在のJR中央線の線路をそのまま走るという直通運転を行なっていたのだ。

西武鉄道の前身の一つである川越鉄道《かわごえてつどう》は、生糸・茶・石灰など埼玉県西部の物資を東京に輸送し、地方産業を発展させることを目的として設立された。川越から入間川《いるまがわ》（現・狭山市）、所沢を通り国分寺へ至るルートである。沿線には大きな河川も山岳もなく、畑や林が連なる平坦な地であることから、建設費が安くあがると考えられたためこのルートとなった。一八九一（明治二四）年に仮免許が交付され、その二年後には敷設工事が始まっている。

## 甲武鉄道の支線だった川越鉄道

おもしろいことに、川越鉄道という独立した会社でありながら、工事はJR中央線の前身である甲武鉄道《こうぶてつどう》へ委託して進められた。一八九四（明治二七）年に開業したのちの運営さえ甲武鉄道が行なった。車両や職員までもが甲武鉄道から提供された。当初は川越にあった会社も、やがて東京・飯田町《いいだまち》（現在の飯田橋《いいだばし》駅近く）の甲武鉄道の本社内に移転している。

それは、川越鉄道が甲武鉄道の実質的な子会社だったからだ。同社の設立には川越出身者はあまりかかわっておらず、甲武鉄道の大株主である雨宮敬次郎《あめのみやけいじろう》や岩田作兵衛《いわたさくべえ》など、甲州系の資本家が深くかかわっていた。言うなれば、川越鉄道は甲武鉄道の支線だったのである。

このような関係だったため、冒頭で述べたような相互直通運転が行なわれていたのだ。直通列車は、甲武鉄道のターミナル駅であった飯田町から、新宿、国分寺を経て終点の川越までを、約二時間一〇分で結んでいた。

やがて一九〇六（明治三九）年に甲武鉄道が国有化されると、従来の委託運行は取りやめられ、川越鉄道は自主運行をするようになる。初めの頃は経営も順調で、当時多数あった地方鉄道のなかでも優良鉄道に数えられたほどだった。

ところが一九一五（大正四）年にライバル路線となる武蔵野鉄道《むさしのてつどう》が開業すると、川越鉄道は大打撃を受け、経営が行き詰まるようになる。

甲武鉄道の発起人のひとり雨宮敬次郎の肖像。甲州で生まれ、相場を通じて財産を増やした実業家・投資家。1888（明治21）年には甲武鉄道へ投資し、取締役に就任。1891（明治24）年には川越鉄道の取締役となった。（国立国会図書館蔵）

結果、一九二〇（大正九）年に、旧西武鉄道の前身である武蔵《むさし》水《すい》電《でん》によって合併された。さらにその二年後には帝国電灯によって吸収され、直後に鉄道部門が別会社（武蔵鉄道）として分離。やがて西武鉄道へと改称して戦後の合併へと至る。

# 第二章
# この目で確かめたい！
# 沿線ユニークスポット
# 案内

# 大都会・新宿でホタルが自生するスポットを発見！

新宿線 SS 03

しもおちあい
下落合
Shimo-Ochiai

都区内でホタルが舞う場所がある……。にわかに信じ難い話かもしれない。数がめっきり減ってしまい、田舎でもなかなか見られなくなっているホタルが、東京で観賞できるというのだ。その場所とは、新宿線の下落合《しもおちあい》駅から徒歩五分ほどの場所に位置する「おとめ山公園」である。

下落合駅といえば、新宿線のターミナル駅である高田馬場《たかだのばば》駅の隣の駅。ホタルの生育には美しい水と環境が必要であるが、これほどの都心部で、なぜ、ホタルが生息していられるのだろうか。

時代を遡《さかのぼ》れば、江戸時代から「おとめ山公園」のあたりはホタル狩りの名所として知られていた。実際、徳川三代将軍・家光《いえみつ》や八代将軍・吉宗《よしむね》などがたびたび訪れた記録が残っている。この地にホタルが定着したのは、周辺から湧いた清らかな水がホタルの生育に適していたことと、徳川将軍の鷹《たか》狩り場として一般人の入場が禁じられていたため、自然が保存されていたからだ。

明治以降は公爵に列せられた名門・近衛《このえ》家や旧陸奥中村藩の代々藩主であった相馬《そうま》家に所有され、やがて一九三九（昭和一四）年に東邦生命によって買収されるも、戦争によって荒廃。放置され雑木林となっていたところ、公務員住宅建設計画が持ち上がった。しかし急激な開発から自然を守ろうと近隣住民の有志が保護運動を行なった結果、一九六九（昭和四四）年に公園となった。そして一九七三（昭和四八）年からは、新宿区が公園内の湧き水を利用してホタルを飼育するようになり、区によって観賞会が催されてきた。その後、財政上の理由から、事業は二〇〇一（平成一三）年に結成された「落合蛍《おちあいぼたる》を育てる会」に引き継がれたのである。

1864（元治《げんじ》元）年に歌川豊国・広重によって描かれた浮世絵「落合ほたる」（「江戸自慢三十六興」収録）。当時の落合周辺はホタルを観賞することのできる名所として知られていた。（国立国会図書館蔵）

## 自然のままの環境での飼育を実践

「落合蛍を育てる会」は、新宿区などから飼育方法を受け継ぎ、長野県から成虫を取り寄せて飼育をはじめた。同会の飼育事業の特徴は、ホタルを育てるのではなく、あくまでホタルが育ちやすい環境を整備することに注力している点にある。人工飼育したホタルを夏に放つのではなく、環境の維持を重視しているのだ。

「おとめ山公園」の水は「東京の名湧水五七選」に選ばれるほど澄んでいる。そこで同会は、湧き水が上の池、下の池、弁天池とまんべんなく流れるような水の流れを保つようにしている。水が流れず干上がったり、逆に水がたまりすぎる部分がないように、井戸水をポンプでくみ上げるなどして、水量が適量になるようにしている。また、土壌の質を保つのはもちろん、ホタルの幼虫が身を隠しやすい岩を置いたりといった心遣いも忘れない。

ただし、ホタルの天敵となるザリガニやクモなどの駆除は行なわない。そのため、無事に成虫になれるのは卵全体の一割程度に限られる。

同会があえて天敵を駆除しないのは、前述したとおり、人為的な助けが何もないなかでホタルが自生できる環境づくりを究極の目標としているからだ。

夏の夜、下落合駅付近を通ることがあれば、ぜひ「おとめ山公園」を訪ねてみてほしい。

新宿線
SS 05
あらいやくしまえ
新井薬師前
Araiyakushi-mae

# 中野区には偉人を神仏のように祀る世にも不思議な公園がある

新井薬師前駅《あらいやくしまえ》から南西へ一〇分ほど歩いた先に、駅名の由来となった新井薬師がある。そして反対に駅から北東に徒歩一〇分ほどの高台にあるのが、哲学堂公園《てつがくどうこうえん》だ。ここは東洋哲学の学者で、東洋大学の創始者としても知られる井上円了《いのうええんりょう》が精神修行の場として一九〇四（明治三七）年につくった公園だ。哲学堂という名から、いかめしく近寄りがたい感じがするが、足を踏み入れてみると、なんともユニークな空間が広がっている。

まず山門をくぐった入園者は、通常の寺院ならば仁王像があるところに、右は天狗《てんぐ》、左は老婆の幽霊の像が据えられているのに驚くだろう。ここは哲理門《てつりもん》といい、天狗は物質界の、幽霊は精神界の象徴だとされる。

哲理門から少しなかへ進むと、時空岡《じくうこう》と名付けられた丘の上に「四聖堂《しせいどう》」という木造平屋の小堂が見える。孔子《こうし》、釈迦《しゃか》、ソクラテス、カントを哲学の四聖として祀《まつ》るため、この名がついた。円了自身が、古今東西の哲学者のなかから四人、つまり、東洋哲学からは古代中国とインド、西洋哲学からは古代ギリシャと近世ヨーロッパを代表する人物を一人ずつ選んで祀ったのである。

さらに西へ進むと、菅原道真《すがわらのみちざね》、聖徳太子《しょうとくたいし》、荘子《そうし》、朱子《しゅし》、龍樹《りゅうじゅ》、迦毘羅仙《かびらせん》を東洋の六賢《ろっけん》として祀る「六賢台《ろっけんだい》」が見えてくる。こちらでは、日本、中国、インドから二名ずつが祀られている。

四聖堂が世界の哲学者を、六賢台が東洋の哲学者を祀る場所であれば、日本の哲学者を祀る場所もある。それが「三学亭《さんがくてい》」である。ここには、神道家の平田篤胤《ひらたあつたね》、儒学者の林羅山《はやしらざん》、仏教僧の釈凝然《しゃくぎょうねん》が祀られている。

そして、四聖堂、六賢台、三学亭のこれらの建物は、それぞれ四角形、六角形、三角形と、祀る偉人の数を表した意匠になっている。

ほかにも「宇宙館《うちゅうかん》」という名前の講堂や「無尽蔵《むじんぞう》」と呼ばれる記念物の陳列所など、ユニークな名前の施設が数多く存在する。数万冊の本を読み尽くせば絶対の境地に達するという考えから、当時の図書館には「絶対城《ぜったいじょう》」という名が冠されたこともあった。

また近代科学を発展させた思想・唯物論《ゆいぶつろん》にちなんだ名前の庭園「唯物園《ゆいぶつえん》」のなかには、「経験坂《けいけんざか》」や「進化溝《しんかこう》」「博物堤《はくぶつてい》」など、思想にちなんだ名前の場所がある。唯物園と対をなす「唯心庭《ゆいしんてい》」には、唯心論《ゆいしんろん》を想起させる「主観亭《しゅかんてい》」や「倫理淵《りんりえん》」などがある。

「哲学の庭」という彫刻は、二〇〇九（平成二一）年、日本とハンガリーの外交関係一四

ワグナー・ナンドール作「哲学の庭」。思想宗教の祖として老子、釈迦、キリスト、エクナトン、アブラハムの五人を、円状に配した。アブラハムは偶像崇拝を避けるために伏せて表現した。（中野区提供）

〇年・国交回復五〇周年の記念事業の一環としてハンガリー共和国から中野区に寄贈されたものだ。これはハンガリー出身の彫刻家ワグナー・ナンドール氏の作品で、思想宗教の祖として老子《ろうし》、釈迦、キリスト、エクナトン、アブラハムの五人を、円状に配している。

この公園をつくった井上円了は、一九一九（大正八）年に講演先の中国・大連《だいれん》で死去している。園内には円了の墓もあるが、これもユニークだ。自身の名前にちなんで、井桁の上に円形の石を置くという洒落を利かせた形なのである。

新井薬師でお参りしたあとは、ぜひともこの公園に立ち寄り、哲学の英知を感じ取ってみてはどうだろうか。

# 平和の森公園にポツンとある西洋風の門はナニ?

新宿線 SS 06

ぬまぶくろ
沼袋
Numabukuro

沼袋《ぬまぶくろ》駅の南に広がる平和の森公園のなかに、赤レンガ造りの西洋風建築がある。ゆるやかな勾配をもつマンサード屋根や赤レンガを斜めに組み込んだ意匠が特徴的で、そのままカフェでも開店できそうな佇《たたず》まいだ。

しかしこれは、かつてここにあった中野刑務所《なかのけいむしょ》の正門である。そのルーツは古く、江戸時代の小伝馬町《こでんまちょう》牢屋敷まで遡る。明治時代になって鍛冶橋《かじばし》に移転し、そこからさらに市《いち》ケ谷《がや》へ、そしてより広い土地を求めて、当時はわずかな農家が点在するだけであったこの場所に一九一〇(明治四三)年に移転してきたのだ。

豊多摩監獄《とよたまかんごく》と呼ばれた赤レンガの建物は、建築家・後藤慶二《ごとうけいじ》の設計によるもので、完成したのは一九一五(大正四)年のこと。広大な敷地に建つ近代的な舎房は、大正期の代表的建築の一つとされた。ここは思想犯で逮捕された社会主義者や文化人たちが入所する監獄であった。小林多喜二《こばやしたきじ》や三木清《みききよし》も収監され、受刑者たちは会話も許されないなど苛酷な扱いを受けたと伝わる。戦後はGHQによって接収され米陸軍刑務所として一〇年間使用。

平和の森公園の中にある元刑務所の正門。ゆるやかな勾配をもつ五角形のマンサード屋根が特徴的で、元刑務所とは思えない暖かな雰囲気を醸しだしている。（中野区提供）

その後返還されたのを機に中野刑務所と呼ばれるようになった。

時代が下ると、次第にあたりは住民が増えて人口密集地となり、この場所を刑務所ではなく、安全と憩いの場にしたいという区民からの声が上がるようになった。

一九八三（昭和五八）年、中野刑務所は廃止となり、解体されることになった。しかし建物を惜しむ声は多く、なかでも正門は後藤慶二の独創的な設計であることから、日本建築学会が法務大臣に保存を申し入れた。結果、これだけは残されることになったのである。刑務所の跡地は区民に親しまれる公園や浄水場となり、今ではこの門だけが監獄の歴史を物語っている。

# なぜ、池袋線沿いに武蔵野観音霊場の札所が点在しているのか？

池袋線

霊験あらたかな霊場（札所《ふだしょ》）に参拝する巡礼には、信者にかぎらず多くの人々が参加する。お遍路で有名な四国の「四国八十八カ所」をはじめ、近畿二府四県と岐阜県に点在する「西国三十三カ所」など、日本各地に巡礼コースが存在し、賑わいを見せている。

そのなかの一つ、東京都と埼玉県の西部に広がる「武蔵野三十三観音霊場《むさしのさんじゅうさんかんのんれいじょう》」は、一番札所の練馬区・長命寺《ちょうめいじ》から三十三番札所の飯能市にある竹寺《たけでら》（八王寺《はちおうじ》）までを巡る。番外として高麗にある靈巖寺《れいがんじ》を含めれば、実際は三四カ所になる。

この霊場は一九四〇（昭和一五）年に選定された比較的新しい霊場だ。戦時下にあったこの時代、戦勝を願うためか、霊場巡りが流行していた。そこで郷土史家の柴田常恵《しばたじょうけい》氏が、「国運の隆昌《りゅうしょう》と戦没者の慰霊《いれい》を観音の慈悲《じひ》にすがる」という趣旨をかかげて霊場会を結成、巡礼コースを選定したのである。

地図を開いて札所の位置を確認してみてほしい。するとあることに気づくだろう。

それぞれの寺院が池袋線に沿うように分布しているのである。「札所巡りに合わせて池

## 武蔵野三十三観音霊場札所一覧

| | | |
|---|---|---|
| ① | **長命寺** | 練馬高野台 |
| ② | **道場寺** | 石神井公園 |
| ③ | **三寶寺** | 石神井公園 |
| ④ | **如意輪寺** | 保谷 |
| ⑤ | **多聞寺** | 東久留米 |
| ⑥ | **全龍寺** | 清瀬 |
| ⑦ | **徳蔵寺** | 東村山 |
| ⑧ | **圓乗院** | 武蔵大和 |
| ⑨ | **實蔵院** | 西所沢 |
| ⑩ | **新光寺** | 西所沢 |
| ⑪ | **普門院** | 西所沢 |
| ⑫ | **全徳寺** | 小手指 |
| ⑬ | **金乗院（山口観音）** | 西武球場前 |
| ⑭ | **妙善院** | 小手指 |
| ⑮ | **松林寺** | 狭山ヶ丘 |
| ⑯ | **慈眼寺** | 狭山市 |
| ⑰ | **徳林寺** | 狭山市 |
| ⑱ | **蓮花院（黒須観音）** | 入間市 |
| ⑲ | **東光寺** | 入間市 |
| ⑳ | **龍圓寺（新久観音）** | 入間市 |
| ㉑ | **高正寺** | 仏子 |
| ㉒ | **圓照寺（元加治弁財天）** | 元加治 |
| ㉓ | **浄心寺（矢颪毘沙門天）** | 飯能 |
| ㉔ | **観音寺** | 飯能 |
| ㉕ | **圓泉寺** | 飯能 |
| 番外 | **靈巖寺** | 高麗 |
| ㉖ | **聖天院** | 高麗 |
| ㉗ | **勝音寺** | 高麗 |
| ㉘ | **滝泉寺** | 武蔵横手 |
| ㉙ | **長念寺** | 武蔵横手 |
| ㉚ | **福徳寺** | 東吾野 |
| ㉛ | **法光寺** | 吾野 |
| ㉜ | **天龍寺（子ノ権現）** | 吾野 |
| ㉝ | **竹寺（八王寺）** | 吾野 |

※丸数字＝札所番号、太字＝寺院名、細字＝最寄駅、を表す。

袋線を敷いたのでは？」と勘ぐってしまうが、じつはまったくの逆。池袋線に沿って霊場が設けられたのである。

寺院の選定基準に一つに、武蔵野《むさしの》鉄道《てつどう》（現・池袋線）の沿線にあることが求められたのだ。四国遍路や西国巡礼など、鉄道が誕生する前からあった霊場は、徒歩による巡礼が基本であるが、武蔵野三十三観音霊場が誕生したのは、すでに鉄道が敷かれていた時代であり、鉄道で巡ることを考慮したというわけだ。

西武線の発着時間にうまくあわせれば、七日から八日ですべての札所を巡ることができる。都会を抜け、武蔵野の田園風景を眺めながら巡礼するとは、なんとも粋な旅ではないか。

# 「としまえん」なのに豊島区ではなく練馬区にある謎

豊島線
SI 39
豊島園《としまえん》
Toshimaen

豊島線の終点にあった「としまえん」は、都心にありながら武蔵野の自然に囲まれた緑あふれる遊園地であった。二〇二〇年八月に閉園となるまで、園内には、多くのアトラクション施設がそろい、春はお花見、夏はプール、秋はビアフェスタ、冬はアイススケートやイルミネーションといった具合に、季節ごとにイベントが開催された。

としまえんという名から東京都豊島区《としまく》にあると思っていた人も多いだろう。しかし、所在地は、練馬《ねりま》区《く》向山《こうやま》三丁目。つまり豊島区に位置していないのだ。それなのに、なぜ「としまえん」という名がついていたのか。

## 豊嶋氏の城址を利用した遊園地

としまえんは一九二六（大正一五）年に、藤田《ふじた》好三郎《こうざぶろう》という人物が、この地に「練馬城《ねりまじょう》址《し》豊島園《としまえん》」という遊園地を開園したことから始まった。この名称からもわかるように、遊園地がつくられた場所は、かつての練馬城《ねりまじょう》の跡地である。

練馬城は、石神井《しゃくじい》城とともに鎌倉時代の末期に豊嶋景村《としまかげむら》によって築かれた。豊嶋氏は桓《かん》武《む》平氏《へいし》を祖とする一族で、現在の北区一円と石神井川の流域を広く治めていた。しかし一四七七（文明九）年四月、扇谷上杉氏《おうぎがやつうえすぎ》の家宰《かさい》・太田道灌《おおたどうかん》の軍勢に攻撃されて滅亡する。石神井城と練馬城は落城し、それ以来、練馬城は主のいない廃墟同然の状態となっていた。

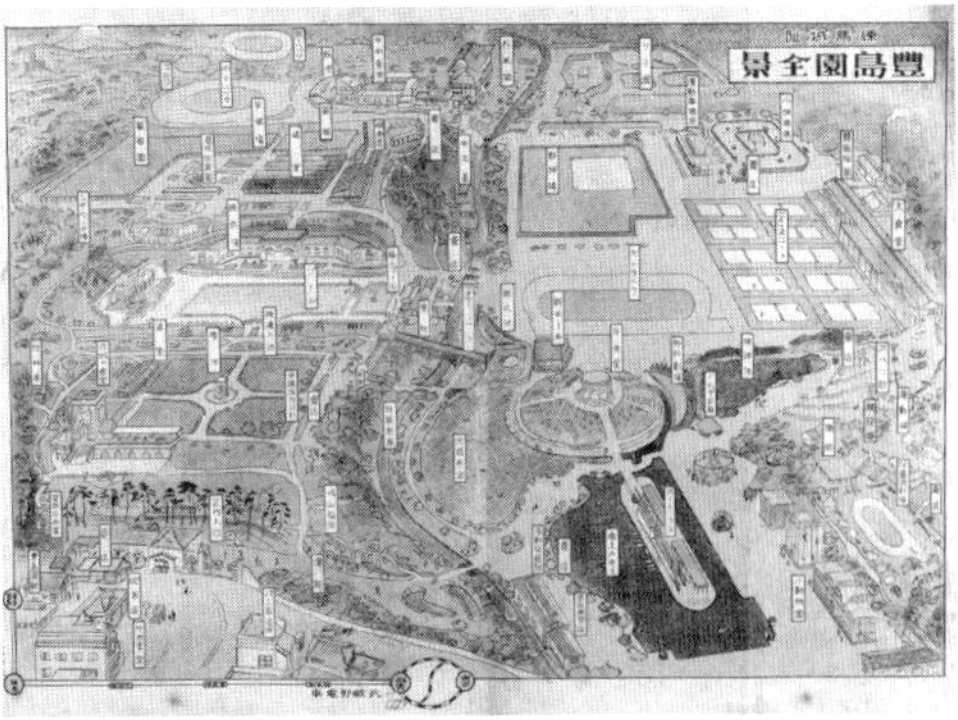

1933（昭和８）年頃の練馬城址豊島園の全図。プールや音楽堂など多彩な設備が見られる。（練馬区石神井公園ふるさと文化館提供）

近代になって牧場などに利用されていたが、藤田がここを買いとり、遊園地をつくったのである。その際、かつて豊嶋氏の居城だったことから豊島園と名づけたというわけだ。

練馬城址豊島園には、運動施設や園芸施設などがつくられ、ブランコやすべり台などの遊具が設置された。さらに豆汽車、豆自動車などの遊戯機械、プールなども備え、親子連れで大いに賑わっていたという。

そして開園の翌年には武蔵野鉄道《むさしのてつどう》（現・西武鉄道）がアクセスルートとして練馬〜豊島（現・豊島園）間を開業した。

一九三九（昭和一四）年には、武蔵野鉄道が豊島園の株式を購入して経営に乗り出し、二年後には豊島園を合併する。この合併について興味深い逸話が、立石泰則が著した『ふたつの西武』（日本経済新聞社）に紹介されている。

それによると、合併の際、もともとのオーナーは、豊島園を手放すつもりはまったくなかったという。しかし、どうしても豊島園を手に入れたかった武蔵野鉄道は、日曜日の稼ぎ時にわざと列車を間引き運行したり、豊島園行きの列車そのものを運休したりするなど、強引な揺さぶりをかけた。客足を武蔵野鉄道に握られていた遊園地のオーナーは、やむを得ず売却に応じたというのだ。

その後、戦争で一時休園していたが、一九四六（昭和二一）年には営業を再開。それからは、大型のアトラクションやプール施設などが次々に導入された。二〇二〇年の閉園後は、二〇二三年に跡地にハリー・ポッターの屋内型テーマ施設「ワーナー ブラザース スタジオツアー東京－メイキング・オブ ハリー・ポッター」が開業した。

練馬城だった面影は、遊園地施設の建設によって今や見ることはできない。

# 丸型ポストでまちおこし！小平市のユニークな取り組み

新宿線
拝島線
SS 19
こだいら
小平
Kodaira

東京西部に位置する小平《こだいら》市は、新宿から三〇分あまりのところにある。面積は二〇平方キロメートル、人口は約一九万人である。新宿線や国分寺線など、西武鉄道の路線が四本も通るアクセスのよい立地のため、近年は新興の住宅地として発展している。

その小平市に、意外にも〝昭和〟を思い起こさせる懐かしいモノが溢れている。それは丸型の郵便ポストだ。今や四角形をしたポストが当たり前で、丸い形をしたポストはほとんど見かけない。

丸型ポストは投函口がせまく、大型の郵便物が集荷できない。一方の角型ポストは広い投函口で大型の郵便物が集荷できる。また、内部に集荷袋を吊り下げることができるため、集荷の際はそれを交換するだけでよい。そのため、丸ポストはほとんどが角型ポストへ取って代わられているのが現状だ。

丸型ポストは、東京二三区内にはわずか五本しか残っていない。それに対し小平市には、なんと三七本もある。しかもそのうち三二本が現役だ。日本郵便が所有するポストが三〇本、その他が二本である。現役ではない五本は、学校や病院などでモニュメントとして展示されている。

では、小平にはなぜこれほどの数の丸型ポストが残っているのか。小平市は、詳細はわからないとしながらも、丸型ポストは商店の前に置かれていることが多く、たくさんの人が親しみをもっていたことから、角型ポストへのつけ替えを望まなかったのではないかと推察している。

これほど丸型ポストの数が多いことが取り沙汰されるようになったのは、二〇〇一（平成一三）年のことだ。当時、市のガイドブックの編集に携わっていたカメラマンが、その数の多さに気づいた。その後、二〇〇七（平成一九）年に市の担当者と小平郵便局長との協議によって、「丸型ポストのまち」として小平市をPRすることが合意されたのである。

やがて、全国の丸型ポストマニアが訪れるようになり、ブログやウェブサイトなどに写真が掲載されたことで、またたく間に知名度が高まった。自治体では、いくつかの丸型ポストを巡り、キーワードを集めて景品をもらうというイベントを開催している。

現在、丸型ポストは製造されていないため、小平市では現役のポストの手入れをしながら維持に努めている。

そのなかで一つだけ二〇〇九（平成二一）年に新しくつくられた特別な丸型ポストがあ

る。これは市民の手によってつくられたもので、高さは二・八メートルと、通常の二倍もある。これほど大きなポストにしたのは、「日本一の丸ポスト」をつくろうという話が出てきたからだ。投函口の高さが二・一メートルになってしまったため、下方一・四メートルの高さの場所にもう一つ投函口が設けられている。

市民らは図面もなく製造方法もわからないなかで、土管や中華鍋を使うなど、工夫を凝らしてつくったという。

この地域の主役となっている日本一大きな丸型ポストは小平駅南口にある。小平市を訪れる際にはぜひ手紙を持って訪れてみたいスポットである。

小平駅の南、市民文化会館「ルネこだいら」の入り口にある日本一大きな丸型ポスト。高さは2.8mで重さは約1.2tもある。（小平市提供）

# 東大和南公園に佇む戦争遺産・日立航空機立川工場変電所

拝島線 SS 33

たまがわじょうすい
玉川上水
Tamagawa-jōsui

第二次世界大戦の終結から七〇年が経過し、当時の様子を知る人も少なくなった。現代人にとって戦争の体験はすでに過去のことになりつつあるが、戦争の悲惨さを実感できる遺産が拝島線の玉川上水《たまがわじょうすい》駅近くで見られる。駅から二～三分歩くと東大和南公園があり、その敷地内に、太平洋戦争時にアメリカ軍の集中爆撃を受けた日立《ひたち》航空《こうくう》機《き》立川《たちかわ》工場《こうじょう》の変電所が残されているのだ。

この工場は航空機のエンジンをつくっていたため、アメリカ軍の標的とされ、一九四五（昭和二〇）年二月一七日以降、三度もの空襲を受けている。その結果、工場の半分が破壊され、一一一人もの死者が出た。

爆撃機からの機銃掃射は、それは凄まじいもので、工場の外壁には銃痕や爆弾の破片による無数の穴ができた。その穴は現在も当時のままの状態で残されており、戦争の生々しい記憶を伝えている。

一九九〇年代には、この貴重な戦争遺産が取り壊されそうになったが、「東大和の戦災

保存されている旧日立航空機立川工場変電所。壁面に無数に散らばる弾痕が戦争の悲惨さを今に伝える。（東大和市立郷土博物館提供）

建造物の保存を求める市民の会」が保存を目指す運動を行なった結果、一九九五（平成七）年に市史跡指定を受け、どうにか取り壊しをまぬかれた。「戦争の悲惨さを後世に伝えなくてはならない」という市民の努力が報われたのである。

以前は、穴だらけの工場の外壁のそばに、爆撃跡が残るコンクリート造りの給水塔も残っていた。しかし、財政難だった東大和市が買収できず、また市民の会のはたらきかけも届かず、これは二〇〇一（平成一三）年に解体されてしまった。

のどかな東大和南公園で七〇年前の悲劇を伝え続ける貴重な遺産。玉川上水駅を訪れたときには、ぜひ立ち寄って戦争の悲惨さを肌で感じてほしい。

拝島線　SS 34
武蔵砂川《むさしすながわ》
Musashi-Sunagawa

# 玉川上水の上を川がまたいで流れる⁉ 川の立体交差スポット

拝島線は東京都の北西部に位置する小平市や東大和市、立川市、昭島《あきしま》市を横断するように敷かれている。そのルートの西側の区間はほとんどが玉川上水と並行に走っており、車窓から上水の脇に茂る木々が並ぶようすを見ることができる。とくに、途中にある武蔵砂《むさしすな》川《がわ》駅は玉川上水まで約五〇メートルの至近距離にある。

この駅から玉川上水に沿って三〇〇メートルほど西に歩くと、玉川上水が暗渠《あんきょ》となり見えなくなってしまう。じつは別の川が玉川上水をまたぐ、川の立体交差となっている。

玉川上水をまたいでいるのは残堀川《ざんぼりがわ》である。狭山湖を水源として、武蔵村山市、昭島市、立川市を流れて多摩川に合流する全長一四・五キロメートルの川だ。普段の水量は乏しいにもかかわらず、大雨のたびに氾濫を繰り返すため、暴れ川として怖れられてきた。

江戸時代初期、江戸市中の上水道として玉川上水が開削された。そのとき残堀川の流路も大きく変更された。玉川上水の水量を補う用水として、天王橋付近で玉川上水に注ぎ込むようにするため、堀を削って改修がなされたのである。

残堀川と玉川上水の交差点。写真左から流れてきた残堀川を、暗渠となった玉川上水が伏せ越して右奥側にぬける。

ところが明治時代になると、玉川上水の水質が悪化してしまう。これは上流地域で養蚕《ようさん》や絹織物の生産が盛んとなり、その廃水が流れ込むようになったためだった。

さらに、残堀川の流域でも人家や工場が増え、その生活排水などが流れ込んだため、水質は悪化の一途をたどった。

上水道として維持するには、玉川上水の水質改善が急務となった。そこで、残堀川を玉川上水の用水として利用することは諦め、一九〇三（明治三六）年から五年を費やし、改修工事を行なった。その際、残堀川の流路をそのままに玉川上水の流水をその上部に設けた水道橋で通す、懸樋《かけひ》という仕組みが用いられた。残堀川と玉川上水の水が混ざり合わないようにするためである。

## 度重なる氾濫の末の大改修

昭和になると、残堀川の上流域の開発がさらに進んだ。生活排水が流れ込むようになり、残堀川の水量は増加。するとまたもや度々氾濫を起こすようになった。流路や川幅などの改修が何度か行なわれたものの、残堀川の氾濫は治まらず、行政は流域一帯を大幅に整備する方針を固めた。

一九六三（昭和三八）年には、玉川上水との交差部の改修工事に着手した。この工事は、残堀川が玉川上水の下を通る従来の構造から、その上下を入れ替えるという大がかりな工事だった。

この入れ替え工事は「伏《ふ》せ越《ご》し」と呼ばれる技術の活用によって、経済的に水を流すために行なわれた。「逆サイホン」「底樋《そこひ》」とも呼ばれ、ポンプなどを用いないためコストがかからない。玉川上水は水量が安定しており、コントロールしやすく、伏せ越しを活用するために上下が入れ換えられたのである。伏せ越しは、底部を管によって連結させることで、液体は管の大きさに関係なく、大気圧で水位が同じになるという連結管の原理を応用した技術である。

武蔵砂川駅にある川と川の立体交差は、こうして誕生したのである。

SS
20
新宿線
くめがわ
久米川
Kumegawa

# 団地のど真ん中に西武鉄道の車両が……それは図書館！

新宿線・久米川《くめがわ》駅を降りて一〇分ほど歩き、グリーンタウン美住一番街《みすみいちばんがい》という大型団地に着くと、意外なものが見えてくる。敷地の真ん中にポツンと一両だけ置かれた黄色い西武鉄道の車両である。

じつはこれは「くめがわ電車図書館」という市立図書館だ。絵本、児童書を中心に約五〇〇〇冊の蔵書があり、利用者登録をすれば誰でも本を借りることができる。

ここでは本の貸し出しだけでなく、絵本の読み聞かせや工作遊び、人形劇、自然観察会など、子どもを対象としたさまざまな催し物も行なわれている。

くめがわ電車図書館ができたのは一九六七（昭和四二）年のこと。すでにグリーンタウン美住一番街は存在していたが、あたり一帯は農業地帯で、東村山市には公立の図書館もなかった。そこで団地の住民たちは、子どもたちのための図書館をつくることを思いついたのである。

とはいえ、立派な建物を新築するような資金はない。そこで子どもたちの大好きな電車を利用できないかと考え、西武鉄道と交渉し、廃車になった車両を譲り受けることとなったのである。

さらに団地の住民たちは、個人が不要になった本を廃品回収して蔵書とすることで本の費用を抑えた。また、新刊については地元の書店に協力を仰ぎ、後払いで本を納入してもらった。

いよいよ私設図書館が完成すると、本の貸し出しや管理業務などは住民たちが交代で行なうことにした。

電車図書館を目にした子どもたちが、「本物の電車だ！」と大喜びしたことは想像に難くない。団地の住民と地域の人々、そして西武鉄道が一体となり実を結んだ図書館だった。その後もくめがわ電車図書館は市立図書館ではなく「文庫」という位置付けで現在まで存続している。

## 存立の危機を乗り越えて再出発

ただし、開設以来、順風ばかりだったわけではない。

一九九二（平成四）年には存続の危機に見舞われている。団地が老朽化し建て替えられることになると、くめがわ電車図書館の創設に携わった古くからの住民が転居してしまっ

西武鉄道の「クハ1150」を使った東村山市にあるくめがわ電車図書館の外観。児童たちの憩いの場所として賑わっている。（東村山中央図書館提供）

たのだ。電車も撤去されてしまったため、図書館はプレハブに姿を変えての運営を強いられた。

それでも残された住民たちは、団地管理者と粘り強く交渉を続けた。すると東村山市をはじめとした周囲の人々の支援もあって、二〇〇一（平成一三）年四月に、再び新車両での図書館運営が可能になったのである。新車両は西武鉄道一〇一系「クハ一一五〇」の引退車両。座席もつり革もそのままの状態である。

くめがわ電車図書館の開館日は、水曜日と土曜日の週二日。館内はいつも子どもたちの笑顔で溢れている。春には電車の隣の桜が満開となり、桜のトンネルの中に車両がたたずんでいるような光景が見られる。

# 猿田彦神社の祭礼と西武鉄道の意外な関係

西武園線 国分寺線 新宿線 SK 05 SS 21
ひがしむらやま
東村山
Higashi-Murayama

遊園地や競輪場のある西武園駅から、一つ手前に位置する東村山《ひがしむらやま》駅。この駅から徒歩五分のところに、猿田彦神社《さるたひこじんじゃ》という神社が鎮座している。

こぢんまりとした神社だが、毎年三月と八月に例大祭が執り行なわれる。もともと三月二一日と八月六日だったのが、昭和三〇～四〇年代頃から祭礼日に近い土日に合わせるようになった。三月の祭りは、神社関係者のみで祝詞《のりと》を詠みあげ、太鼓を奏でる粛々とした式典である。一方の八月は、一般の人も参加し、境内で盆踊り大会が催される。東京音頭《とうきょうおんど》や炭坑節《たんこうぶし》のほか、ご当地出身のタレント・志村けんが流行らせた東村山音頭《ひがしむらやまおんど》などが流れ、あわせてたくさんの夜店が参道に並ぶ、賑わいのある祭りである。

猿田彦神社の祭りが年に二回催されるのは、西武鉄道と深い関係がある。

一八八九（明治二二）年、新宿駅と八王子駅を結ぶ甲武鉄道《こうぶてつどう》（現・JR中央線）が開通すると、途中の国分寺駅と川越駅を結ぶ川越鉄道《かわごえてつどう》の建設計画が進められた。しかし、柳瀬《やなせ》川《がわ》の橋梁工事が難航し、全線を一度に開業するのは困難となった。そこで急遽、東村山に久米川停車場《くめがわていしゃば》（現在の久米川駅ではない）という仮設の駅がつくられ、一八九四（明治二七）年に、国分寺〜久米川停車場間が暫定的に開業した。

その後、橋梁が完成し、一八九五（明治二八）年三月二一日に国分寺〜川越間が全通すると、仮設駅である久米川停車場は撤去されることになった。つまり、川越鉄道は東村山を素通りすることになったのだ。

これに危機感を持ったのが、東村山の住民たちである。「これからの時代、地元の発展のために鉄道は不可欠」と考え、川越鉄道に駅の存続を要求。駅開設の運動を起こし、鉄道会社に陳情するだけでなく、自分たちの土地や資金までを寄付した。

そうした努力が実を結び、仮設駅の代わりに東村山停車場（現・東村山駅）の開設が決定し、一八九五（明治二八）年八月六日に晴れて開業の運びとなったのである。

さて、もうおわかりだろう。猿田彦神社で祭りが行なわれる三月二一日は川越鉄道が全通した日、八月六日は東村山駅が開業した日なのだ。もともと猿田彦神社は、道案内や旅など、交通関係にご利益があるとされる神さまということもあり、これらの記念日に祭りを開催することになったのである。

神社の祭礼に鉄道が関係していたとは意外であるが、その背景には、東村山の住民たちの尽力があったのである。

山口線

# 「多摩湖」・「狭山湖」の名前に隠された西武のしたたかな戦略とは？

西武鉄道がレジャー施設建設のために狭山丘陵《さやまきゅうりょう》の一帯を購入したのは、一九五〇（昭和二五）年のことである。当初は東村山文化園《ひがしむらやまぶんかえん》という名前だったが、翌年には西武園《せいぶえん》に改称された。家族や学生などのレジャースポットとなっている遊園地（現・西武園ゆうえんち）もこの時期に園内に建設された。

その後も、このエリアで狭山スキー場や西武園ゴルフ場、西武ライオンズ球場（現・ベルーナドーム）といったスポーツ施設がつくられ、現在もたくさんの観光客が訪れている。

これら観光スポットのなかの景勝地が、狭山丘陵の南端に位置する多摩湖《たまこ》と狭山湖《さやまこ》である。桜や紅葉など四季折々の表情を見せる豊かな自然が広がっており、休日ともなれば、サイクリングや散歩を楽しむ人々が大挙して訪れる。

意外にもこの二つの「湖」は自然のものではなく、じつは人造湖である。どちらも東京市民の飲料水を確保するためにつくられた貯水池だ。多摩湖は一九二七（昭和二）年、狭山湖は一九三二（昭和七）年に完成している。このとき、それぞれの地にあった村の名にちなんで、多摩湖に当たる池に「村山貯水池《むらやまちょすいち》」、狭山湖に当たる池に「山口貯水池《やまぐちちょすいち》」という名称がつけられた。

両者を管轄する東京都水道局によると、現在も正式な名称は変わらず、村山貯水池と山口貯水池である。所沢市や東大和市の刊行物など公的な場では、こちらの呼び名が使われている。

では、いったいいつから多摩湖、狭山湖の名が広まるようになったのか。

両貯水池の完成当初、地元では昔からある地名に由来する親しみやすさから、村山貯水池、山口貯水池の呼称が受け入れられた。ところが貯水池周辺の観光地化が進むと、観光地にふさわしい名称にすべきとの声が上がった。その際に候補として挙がったのは東村山に由来する「東村山湖《ひがしむらやまこ》」であったが、東京市当局に申し入れする前に立ち消えとなってしまった。

その後、一九三〇年代になると西武鉄道の前身の一つである箱根土地株式会社《はこねとちかぶしきがいしゃ》が、貯水池を多摩湖の名称で呼ぶようになった。両貯水池へ多摩川の水が引かれていることがその由来であり、当時は現在の多摩湖と狭山湖の両方を合わせて「多摩湖」という名で普及が進められた。

## キャンペーンを利用した呼称が定着

多摩湖、狭山湖の名称が定着する大きな機会となったのは、一九五一（昭和二六）年のことである。東村山文化園が西武園と改称され、国内に遊園地がオープンしたタイミングであった。

その前年に、毎日新聞社が行なった「日本観光地百選」の人気投票において、湖沼の部門に、村山・山口両貯水池が三二万票を集めて五位に入選した。すると両貯水池で観光開発を進めていた西武鉄道が毎日新聞と組んで改称キャンペーンを展開したのである。池袋駅構内には「観光地にふさわしい名称をつけてください」と書かれた看板が置かれ、アンケート用紙が配られた。用紙は、多摩湖と狭山湖への改称に賛成であれば○を、ほかの案があればその名称を記入する仕様だったため、正式名称のままという選択肢はなかった。

この一方的な決め方に異を唱える東京都民も少なくなかった。とくに多摩湖、狭山湖に対する地元住民の反応は芳しいものではなかった。「村山」「山口」は、もともと村の時代から呼ばれていた地名であり、その名がついた貯水池の名前が定着していたからである。

反対の声があったものの、西武鉄道が押し切った結果、今日の多摩湖、狭山湖の通称が広まることとなったのである。

# 日本の空の安全は所沢が握っている!?

新宿線 SS 23
こうくうこうえん
航空公園
Kōkū-kōen

一九八七（昭和六二）年に開業した航空公園《こうくうこうえん》駅は、新宿線ではもっとも新しい駅だ。駅名の由来は、この地が日本初の飛行場がつくられた航空発祥の地であること。駅舎は後述するアンリ・ファルマン号をイメージしたつくりになっており、ロータリーには戦後初めての国産機、ＹＳ一一が静態保存されている。さらに東口駅前から延びる一直線の並木通りの右手には、駅名ともなっている所沢航空記念公園《ところざわこうくうきねんこうえん》が広がっており、園内の所沢航空発祥記念館にも数多くの航空機が展示されている。

所沢に日本初の飛行場が誕生したのは一九一一（明治四四）年のこと。その二年前に航空技術の研究を目的に臨時軍用気球研究会《りんじぐんようききゅうけんきゅうかい》が軍部主導で創設され、陸軍が演習によく利用していた所沢が選ばれたのだ。完成後すぐに徳川好敏《とくがわよしとし》大尉の操縦するアンリ・ファルマン号が滑走路からの初飛行に成功。この時の記録は高度一〇メートル、飛行距離八〇〇メートル、飛行時間は一分二〇秒だったという。

その後、所沢飛行場には陸軍航空部隊が常駐することになり、陸軍航空のパイオニアとして人員育成や航空技術の開発などが行なわれ、飛行場も拡張された。太平洋戦争では多くの少年飛行兵がこの地から飛び立った。

終戦後は米軍基地となったが、市民から基地返還要求が起こり、現在までに約七割が返還され、所沢航空記念公園を中心に、公共施設や防衛医大などに利用されている。残る三割は今も米軍の通信基地となっている。

## 日本の空をコントロールする航空管制センター

所沢航空記念公園は、一九七八（昭和五三）年に野球場やテニスコートを備えた市民のための公園として開かれた。

しかし、そののどかなはずの航空記念公園内を歩いていると、警備員の姿が目に入る。草木茂るのどかな公園とは似つかない光景だが、じつはこれにはわけがある。公園内に航空管制センターがあるのだ。正式名称を国土《こくど》交通省《こうつうしょう》東京《とうきょう》航空《こうくう》交通《こうつう》管制部《かんせいぶ》といい、軍用機を含むすべての飛行機の空のガイド役を務める施設である。

敗戦によってアメリカ軍に取り上げられた航空管制の権限が日本に戻ったのは一九五九（昭和三四）年のことだった。これと同時に運輸省《うんゆしょう》（当時）航空交通管制本部が発足し、埼玉県のジョンソン基地（現・入間基地）、東久留米市を経て、一九七七（昭和五二）年

## 日本の航空交通管制部管轄空域

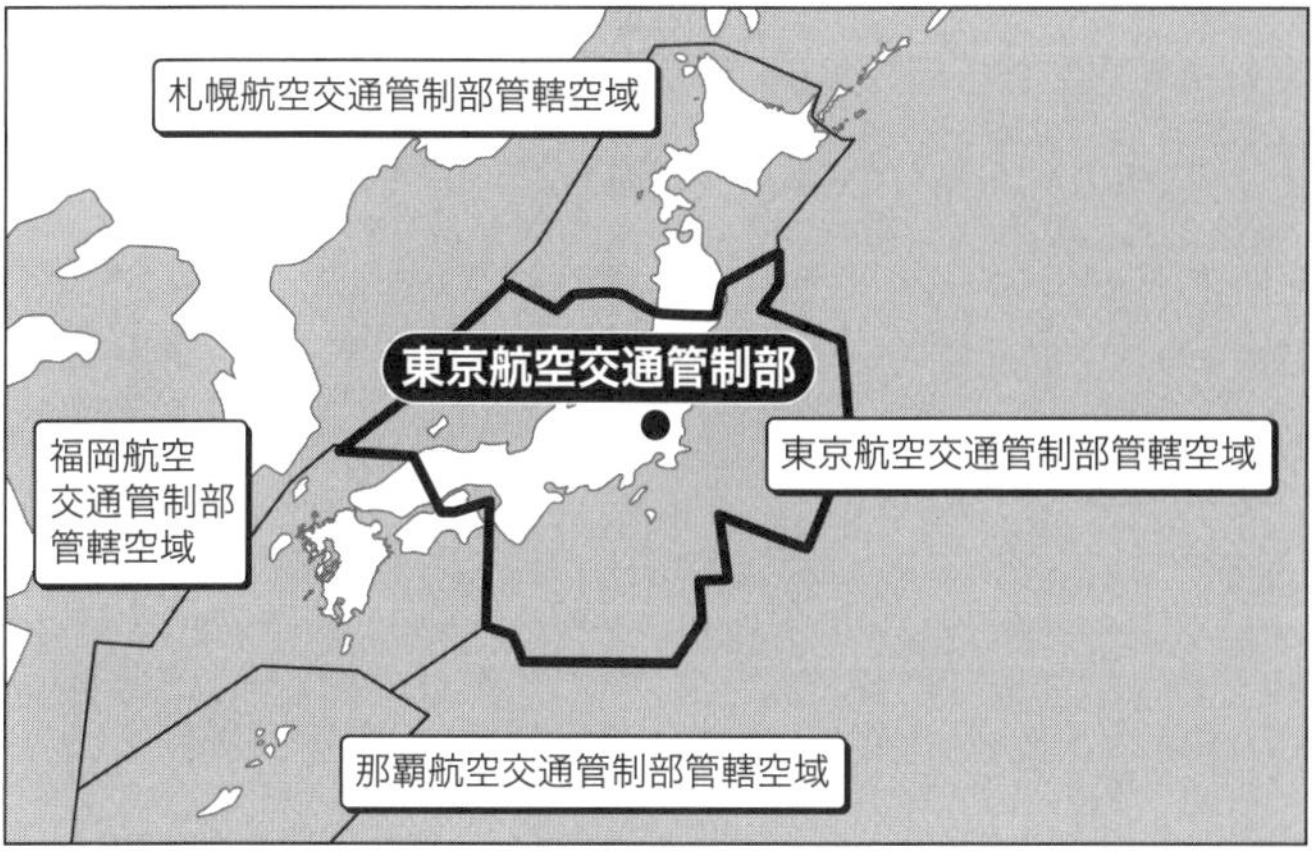


東京航空交通管制部が管轄する領域は驚くほど広大だ。東北から近畿までを包含し、東京・名古屋・大阪など大都市の空が収まる。

に所沢へ移転したのである。

所沢の航空管制センターが担当する区域は、東北地方から近畿地方にも及ぶ。管制下にある地域は、上図に示してある通りで、東京・名古屋・大阪など大都市の空がすべて収まる。二〇一四（平成二六）年の時点では、定期便のほか、小型機や自衛隊機など一日あたり約三七〇〇機もの航空機を取り扱っていた。働いている航空管制官は約三〇〇人で、二四時間態勢で業務にあたっている。

それほど重要な施設であることを考えれば、警備員が公園内を巡回するのも納得である。

# 入間基地の所在地は狭山市なのにどうして「入間」なのか？

池袋線

SI 22

いなりやまこうえん
稲荷山公園
Inariyama-kōen

池袋線の稲荷山公園《いなりやまこうえん》〜武蔵藤沢《むさしふじさわ》間には、航空自衛隊の入間基地《いるまきち》がある。毎年一一月にこの場所で行なわれる航空祭には、三〇万人以上が訪れる。

三〇〇ヘクタールもある敷地のなかには、全長二キロメートルにわたって延びる滑走路や格納庫、隊舎などがあり、一八の部隊と約四三〇〇人の隊員が所属している。

入間基地の最寄り駅は稲荷山公園駅。北口が基地の敷地に直結している。駅舎や線路が基地と隣りあわせなら驚かないが、線路は基地のなかを走り、ホームの一部も基地内に入り込んでいる。つまり一般の電車が、毎日、自衛隊の基地のなかを行き来しているのだ。なんとも不思議な光景である。

この場所に稲荷山公園駅が開業したのは一九三三（昭和八）年のこと。一九三七（昭和一二）年に基地の前身である陸軍航空士官学校《りくぐんこうくうしかんがっこう》が開設されたが、このとき陸軍が、すでに敷かれていた線路を挟むように東西の土地一〇万坪を用地として買収したため、現在のようなかたちとなった。やがて戦後になると米軍に接収されてジョンソン基地となり、一九七八（昭和五三）年に全面返還されて入間基地になったのだ。そうして、現在に至るまで入間基地は、池袋線によって東西に分断されたままとなっている。

自衛隊員が基地内で東西を行き来するには、稲荷山公園駅の東側にある一ヵ所の踏切を渡らなければならない。基地の東側は航空機が多く置かれているエプロン（飛行場）地区で、西側が庁舎地区となっているため、隊員や車両が移動するにはこの踏切を通らざるを得ないのだ。入間基地の広報担当によれば、この踏切を通る道が基地内のメインの通りにあたるため、もともとの交通量が多く、とくに朝夕は混雑し、基地内では難儀しているという。

基地の不思議は、線路だけでなくもう一つある。入間基地というからには、入間市にあると思われがちだが、実際の所在地は狭山市稲荷山二丁目三番地である。

入間基地は入間市と狭山市の両方にまたがっているが、敷地の大半が狭山市側にあるため、住所表記は狭山市となっているのだ。ならば、「狭山基地」としてもよさそうなものだが、基地全体を統括する司令部が入間市側にあるため、「入間基地」という名称がつけられているのである。

このように入間基地は、鉄道や市境が敷地内を走る不思議な場所にある。航空祭で訪れた際には飛行機の観覧だけでなく、市境や踏切などに注目して回ってみては。

西武秩父線 SI 34
あしがくぼ
芦ヶ久保
Ashigakubo

# 秩父の新名所「あしがくぼの氷柱」は天然ではなく手づくりだった

二〇一四（平成二六）年、西武秩父線の芦ヶ久保《あしがくぼ》駅付近に新しい観光名所が誕生した。駅から一〇分ほど歩いたところにある「あしがくぼの氷柱」だ。遊歩道を進んでいくと、山の斜面一面に幅一二〇メートル、高さ三〇メートルの広さの氷柱群が現われ、荘厳な風景を見ることができる。曜日限定で行なわれるライトアップでは、神秘的な世界が演出され、恋人同士や家族連れなどで賑わう。

一見、自然の神秘のように思えるが、あしがくぼの氷柱は自然の力でつくられたものではない。もともとキャンプ場だった沢を開発し、斜面に通したパイプから沢の水をまいて氷柱を成長させた人工の景観、いわば氷の芸術作品である。

この氷柱がつくられることになったきっかけは、二〇一三（平成二五）年に話題となった西武秩父線の廃線問題だ。

西武秩父線は埼玉県飯能市の吾野《あがの》駅〜西武秩父《せいぶちちぶ》駅間約一九キロメートルを結ぶ路線で、おもに学生や高齢者に利用されている。首都圏から遠く離れた山あいに位置し、沿線は過疎化が進んでいるものの、とくに高齢者にとっての貴重な足となっている。

しかし、二〇〇六（平成一八）年に西武グループの大株主となったアメリカの投資会社サーベラス（現在は撤退）は、西武秩父線を廃線にすべきだと西武グループに提案した。赤字路線だからリストラしたほうがよいというのである。

西武秩父線がなくなれば町が廃れる……。危機感を抱いた秩父の人々はなんとか利用者を増やそうと、観光客がとくに減少する冬に人を呼び込もうと考えた。そこで、冬の平均気温が氷点下二度と冷え込む秩父ならではの氷柱プロジェクトを立ち上げたのである。

観光協会によると、二〇一三年に動きはじめた当初は、「ものは試し」といった気持ちが強く、自信があったわけではなかったようだ。しかし想像以上に反響があり、続けることにしたのだという。金曜と土曜に行なう夜間のライトアップ、甘酒または紅茶の提供といったイベントも評判を呼んだ。一年目は三二日間で約一万七〇〇〇人、二年目も四八日間で約四万七〇〇〇人を集めた。

暖冬の場合、開催期間が短縮される可能性もあるが、二〇二二（令和四）年にも開催された。一一月から準備をはじめ、翌年一月から公開となる。幻想的な世界を目の当たりにできるスポットを訪れてみてはどうだろうか。

# ムーミンに会いたくなったら飯能に！

池袋線 SI 26
飯能《はんのう》
Hannō

フィンランドの作家、トーベ・ヤンソンによる小説のキャラクター「ムーミン」を知らない人はいないだろう。テレビアニメが放映されたほか、グッズなども人気で、日本でも広く知られている。

そのムーミンのテーマパーク「Metsä（メッツァ）」が飯能《はんのう》市内につくられるというニュースが、二〇一五（平成二七）年の夏に報じられ、二〇一九（平成三一）年三月にオープンした。

メッツァとは、フィンランド語で〝森〟を意味する。施設内は、大きく二つのエリアに分けられる。一つはパブリックゾーンの「メッツァビレッジ」で、近隣の人々が日常的に利用できる入場無料の公園で北欧のライフスタイルをテーマにしている。もう一つは「ムーミンバレーパーク」で、ムーミンをテーマとした施設やショップ、レストランを展開し、ムーミンの世界を深く堪能できるエリアで、アトラクションやショップが配置されている。

その地に選ばれたのが、飯能の中心部から北東へ三キロメートルほどの距離にある宮沢《みやざわ》湖《こ》だ。宮沢湖は、昭和初期に作られた周囲二・四キロメートルほどの人造湖である。自然に囲まれており、かつて湖畔には西武グループのレジャー施設「レイクサイドパーク宮沢湖」があった。

ムーミンのテーマパークを手掛ける投資銀行フィンテックグローバル社は、この宮沢湖周辺の、東京ドーム四個分に相当する約一八万七〇〇〇平方メートルの土地を西武鉄道から六億円で購入。西武鉄道は、地域社会の振興という観点からこの計画に賛同し、所有する土地を売却するだけでなく、行楽客誘致にも協力する方針を表明した。

宮沢湖が選ばれた理由は、豊かな森林と湖という自然の景観に恵まれているからだ。当初は、都心部に小規模な施設をつくる計画もあったというが、ムーミンの世界観を反映する施設には森と水が不可欠であると判断されたようだ。宮沢湖は、トーベ・ヤンソンがムーミンの小説のテーマの一つとした自然との共生という世界観とも合致しており、ムーミンたちが棲むムーミン谷を体現するには、もっともふさわしい場所だったのである。

## 手紙がきっかけとなった飯能とムーミンの〝縁〟

じつは宮沢湖を擁する飯能は、テーマパーク建設が決定する前からムーミンとは縁があった。それは、元加治《もとかじ》駅の近くにある、一九九七（平成九）年に開園した「あけぼの子どもの森公園」の存在だ。ここには、ムーミンの物語に登場するような建造物が並び、童話のような空間が広がっている。

この公園がつくられたきっかけは、ムーミンの人気を知った市職員が、ムーミンの世界をモチーフとした公園をつくろうと、トーベ・ヤンソンに許可を求めて直接手紙を送ったことである。そこで快諾を得たことから、キノコの形をしたムーミン屋敷や、トーベ・ヤンソンについての資料館「森の家」などが建設された。森の家の一階にはトーベ・ヤンソンの生い立ちからムーミンの誕生までの過程が展示され、二階はムーミンに関する書籍が集められた図書館になっている。しかし、飯能市がキャラクターのライセンスを取得していないため、ムーミンたちの姿はない。

あけぼの子どもの森公園に続き、メッツァが開業して、飯能のムーミン色はさらに濃くなった。飯能は「日本のムーミン谷」である。

# 第三章
# 地図から浮かび上がる路線の不思議

# 新宿線と池袋線が近距離で並走しているのにはワケがある

新宿線
池袋線

西武鉄道の主要路線である新宿線と池袋線は、ほぼ並行に走っており、二三区内においては、両線間の距離が一キロメートルもない。同じ鉄道会社の路線でありながら、これほど近距離を並走している例は、日本中を見渡しても、そうそうないだろう。近距離を並走する背景を探ると、そこに西武鉄道の歴史が見えてくる。

じつは新宿線と池袋線は、もともと別会社の路線だった。川越《かわごえ》から東京西部を通って高《たか》田馬場《だのばば》へと向かう新宿線の前身は旧西武鉄道《きゅうせいぶてつどう》、飯能《はんのう》から東京西部を通って池袋駅へと向かう池袋線の前身は武蔵野鉄道《むさしのてつどう》で、ライバル関係にあった。両社の競争は非常に激しかったといわれる。その一例として、所沢《ところざわ》駅での乗客の囲い込み合戦がよく知られている。

昭和初期、旧西武鉄道と武蔵野鉄道は所沢駅を共同で使っていた。先に使っていたのは旧西武鉄道だったこともあり、切符販売などの駅の業務は旧西武鉄道が一括して行なっていた。旧西武鉄道はこのシステムを利用し、経路を指定せずに東京方面に向かう乗客に対して、高田馬場を経由する自社の切符を販売するというような、自社に有利な運営を行な

並行に走る西武の新宿線と池袋線

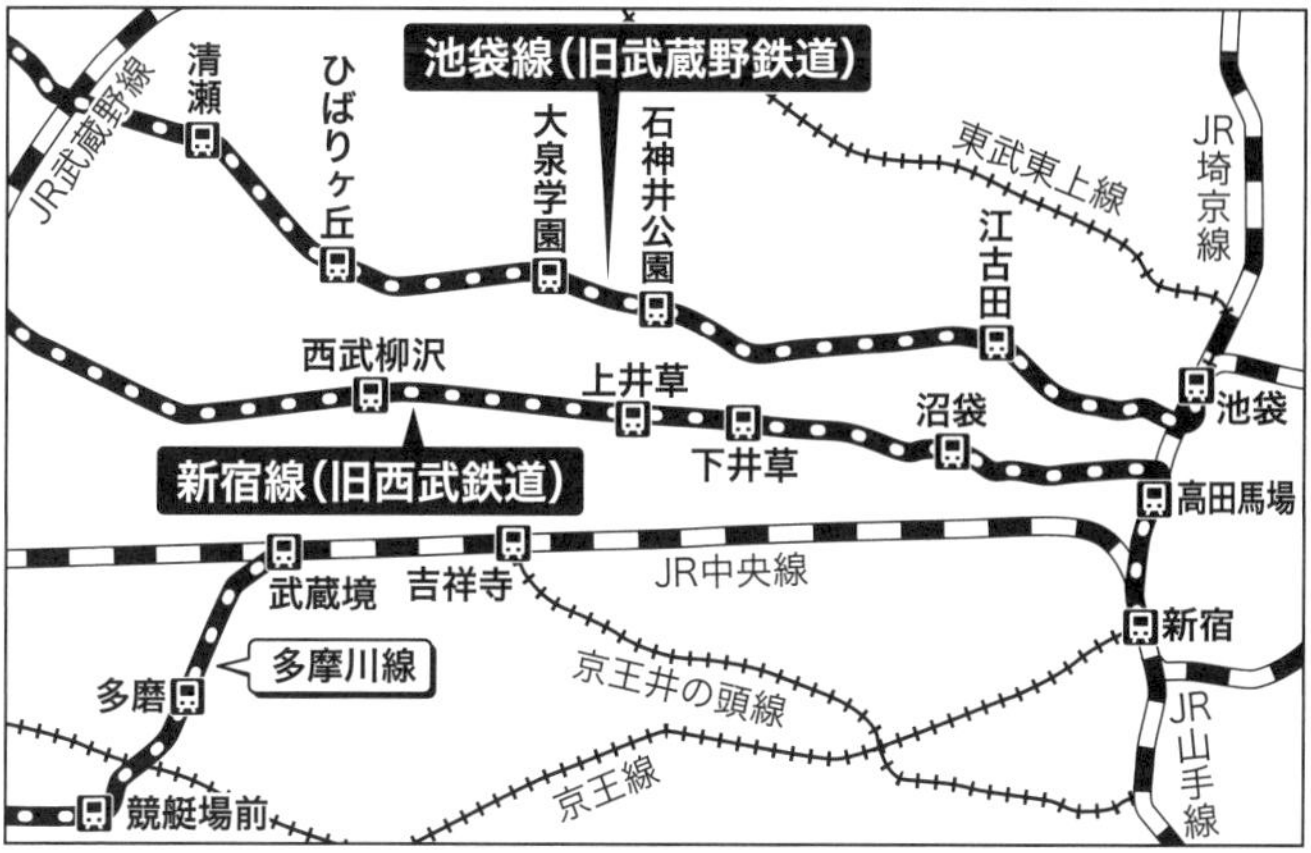


同じ鉄道会社でありながら、新宿線と池袋線が近距離を並行に走っているのは、かつて武蔵野鉄道と旧西武鉄道という別々の会社だったため。

っていたのである。

武蔵野鉄道はこれに抗議したが、旧西武鉄道はまともに取り合おうとしなかった。そこで武蔵野鉄道の駅員は、なんとしても自分たちで駅業務を行なおうと所沢駅に押しかけたという出来事があった。

## 過剰なライバル意識が大事故を招く！

旧西武鉄道と武蔵野鉄道の過剰なライバル意識はその後も消えず、くすぶった状態が続いた。そうしたなか、大事故が起こる。

単線での運行の場合、複数の列車が同じ区間へ進入し衝突事故が起こらないように、タブレットという通行票を積んだ列車だけが先の区間へと進入する決まりがあり、駅員が運転士にタブレットを渡すことになっていた。ところが一九四〇（昭和一五）年一月二日、所沢駅の駅員が上りの貨物列車の運転士にタブレットを渡し忘れてしまう。結果、武蔵野鉄道の電車と貨物列車が所沢駅と秋津《あきつ》駅のあいだで正面衝突し、死者一二人、重軽傷者七〇人以上という惨事を引き起こしたのである。事故を起こしたのは武蔵野鉄道だが、所沢駅の業務は当時もまだ旧西武鉄道が行なっており、タブレットを渡しそこねたのは旧西武鉄道の駅員だった。つまり、事故の責任は旧西武鉄道にもあったことになる。

この事故をきっかけに、旧西武鉄道と武蔵野鉄道の対立はより深まっていった。

おりしも「陸上交通事業調整法《りくじょうこうつうじぎょうちょうせいほう》」（一九三八年制定）によって、交通事業者の統合が進められるなかでの事故であり、本格的に解決策が模索されはじめた。音頭をとったのは、一九三四（昭和九）年に武蔵野鉄道の社長に就任していた堤康次郎《つつみやすじろう》である。伝記『堤康次郎会長の生涯』によれば堤は、二社を合併することで対立の解消とさらなる発展を目指そうと考え、旧西武鉄道の株を取得、一九四五（昭和二〇）年に合併を実現した。

こうして武蔵野鉄道と旧西武鉄道は、一つの会社に生まれ変わることになった。もともと両者がライバルだったことを考えれば、新宿線と池袋線が都区内を並走している理由に納得できるというものである。

# 秋津にある西武線とJR線がひそかにつながるヒミツの線路

池袋線 SI 16
あきつ
秋津
Akitsu

池袋線の秋津駅は、JR武蔵野線の新秋津《しんあきつ》駅との乗り換え駅として、一日八万人もの利用客がある。

この秋津と新秋津、両駅間の乗り換えは便利とは言い難い。道幅の狭い商店街のなかを五分歩かなければならないからだ。

五分という乗り換え時間は、大きな駅であれば珍しくないが、秋津駅と新秋津駅間は、商店街が並ぶ屋外の細い道を歩くため、急いでいるときや悪天候のときは、億劫《おっくう》に感じてしまう人も少なくない。

そのため乗り換え客からは、長らく不便の解消、つまり連絡通路の設置を望む声が上がっていた。しかし、連絡通路の設置によって乗り換え客が通らなくなることは、商店街にとってお客を失うことを意味する。よって商店街からの反対の声が多く、設置は難しいのが現状だ。

少しでも利用者の利便性を上げるための取り組みがなされているものの、秋津駅南口改札内に武蔵野線新秋津駅の発車案内を設置したり、連絡定期券が購入できるようにしたりといった対策に留まっている。

## 西武とJRをつなぐ秘密の連絡線

連絡通路もなく離れたままとなっている両駅だが、じつは線路（連絡線）でつながっていることをご存じだろうか。

連絡線への分岐点は、池袋線の所沢駅と秋津駅のあいだ、下り線側に存在する。その分岐点で線路は本線から離れるように南東へ進み、やがてトンネルをくぐってJR武蔵野線へ接続している。

この連絡線は一九六四（昭和三九）年、国鉄武蔵野線の敷設に合わせて設置された。といっても輸送が想定されていたのは、旅客ではなく貨物である。武蔵野線はもともと、旅客列車でいっぱいとなっていた都心を迂回して貨物を運ぶために敷設された貨物線だった。西武鉄道はこの連絡線を用いて、武蔵野線から貨物を運び入れていたのである。

その後、西武鉄道の貨物輸送は一九九六（平成八）年に廃止され、連絡線は当初の役目を終えることとなった。

それでも、今もここを列車が走ることがある。甲種《こうしゅ》輸送のときだ。

## 甲種輸送用連絡線

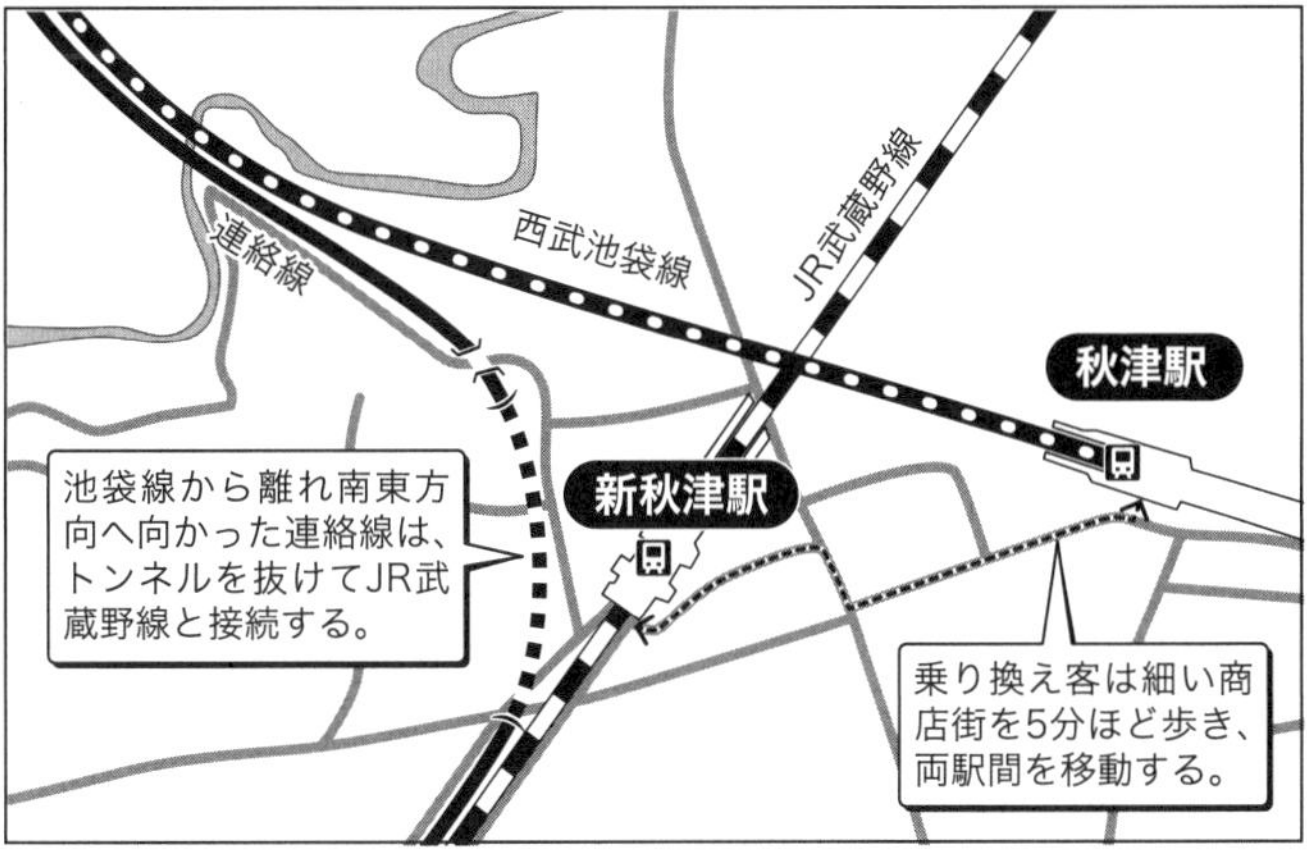


西武の秋津駅とJRの新秋津駅は連絡していないため、乗り換えの接続が悪い。一方、鉄道のほうは甲種輸送用の連絡線がつながっている。

甲種輸送とは新車や他社の車両を輸送する際などに、それらの車両を貨物の扱いで運ぶことをいう。西武鉄道に新車を搬入するときはもちろん、西武の旧式車両を地方の鉄道に譲渡するときや、多摩川線の車両を池袋線にある小手指《こてさし》車両基地へ輸送するときなどにも、この連絡線が用いられる。

現在、連絡線はＪＲと西武鉄道が保有しているが、西武車両の甲種輸送のときしか使用していない。

また、牽引する機関車の付け替え場所は、ＪＲの新秋津駅となっているため、連絡線内をＪＲの車両が走ることはない。そのため、連絡線は実質、西武鉄道のためにあるような状態である。

# 途中駅なのに、なぜ飯能駅はスイッチバック駅なのか？

池袋線

SI 26

はんのう
飯能
Hannō

池袋線は、池袋駅から石神井《しゃくじい》公園《こうえん》駅や所沢駅などを経由し、飯能《はんのう》駅を通過して、吾野《あがの》駅へ至る路線である。その池袋線の途中にある飯能駅は、通常の途中駅のような構造ではない。まるで終端駅のように二面三線の櫛型《くしがた》ホームとなっており、列車が通り抜けるようにはつくられていないのである。

列車は飯能駅に入線すると、向きを逆にして次の東飯能駅へと向かうことになる。つまりスイッチバックするわけだ。

一般的にスイッチバックは、標高差のある斜面を車両が進行方向を変えながら登るときに使われる方法で、ジグザグに切り返すことで急な傾斜を少しずつ登っていく。急勾配を登る箱根《はこね》登山鉄道《とざんてつどう》のスイッチバックはとくに有名だろう。

しかし、飯能駅の場合、別に急勾配のある路線ではない。そのような事実にもかかわらず、ここではスイッチバックが取り入れられているというのだから、なんとも不思議な話である。

## 想定されていなかった飯能以西への延伸

そもそもの原因は、池袋線の開通当時、飯能駅が終点だったことにある。

飯能駅は一九一五（大正四）年四月一五日に、西武の前身企業の一つである武蔵野鉄道の駅として誕生した。当時の飯能町は、木材や砂利、織物などを産出しており、埼玉県西部では川越町に次いで発展した町だった。物流や旅客輸送の便を図るために、飯能町と東京を直接つなげようと、飯能町の有力者らが武蔵野鉄道を計画し、さらに地元出身で横浜屈指の実業家となっていた平沼専蔵《ひらぬませんぞう》の出資を仰いで実現したのである。

それだけに武蔵野鉄道としては、飯能町まで路線をつなぎさえす

飯能以西敷設図

終点でないにもかかわらず飯能駅が折り返し式となっているのは、直進ルート上に入間川や天覧山など自然の障壁が存在していたため。

れば十分であり、さらに西へ路線を延ばすことは考えていなかった。

ところが一九二九（昭和四）年九月に、吾野へ至る延長線が開通した。これは、当時武蔵野鉄道の大株主となっていた浅野《あさの》セメントからの要請によるものだった。浅野セメントはそれまで青梅地方の石灰石を東京や川崎のセメント工場の原料としていたのだが、業界での激しい競争のなかで吾野の石灰石に着目し、その運搬手段を確保するため武蔵野鉄道の経営権を握り、鉄道の延伸を計画したのである。

ところが、路線を延ばそうにも、飯能駅の北西側である吾野方向には入間川《いるまがわ》や天覧山《てんらんざん》があり、そのまま延ばすのは困難だった。そこで、迂回して高麗川《こまがわ》沿いを走り、吾野方面へ向かうことにした。このため、スイッチバックが取り入れられたというわけである。

## 今も放置されたままの短絡線

ここで一つの問題が生じた。電車であれば飯能駅で方向を変えるだけでよいが、石灰石を運ぶ貨物列車の場合、列車の方向を変えるには機関車を付け替えなければならない。この付け替え作業はあまりにも効率が悪かった。

そこで飯能駅を通らず、その手前から次の東飯能駅へ直接つながる短絡線が昭和末期に計画された。用地の買収が進み、あとはレールを敷設するだけという段階まで達したもの

## 飯能短絡線計画用地

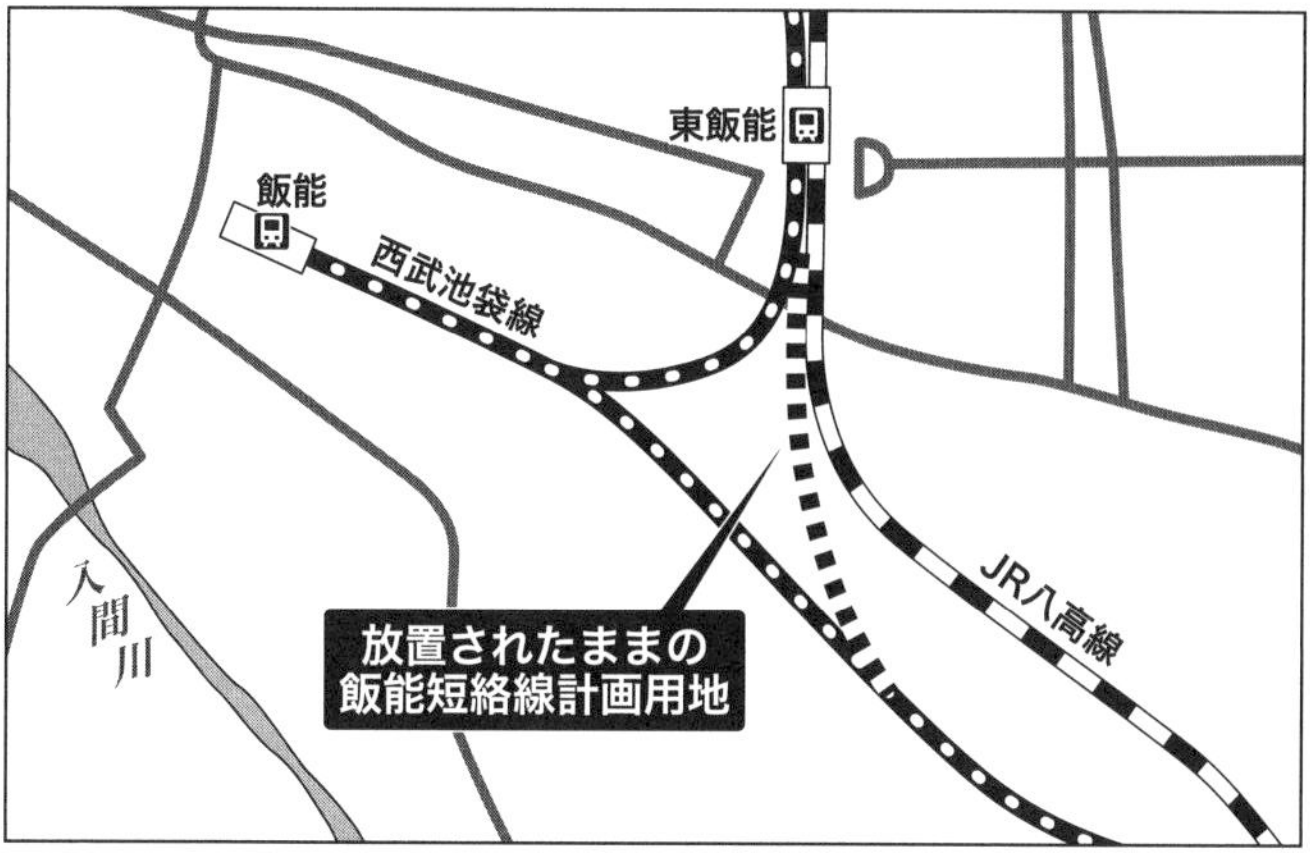


飯能駅で行なうスイッチバック運転を省略するため、飯能駅を経由しない短絡線が計画されたが、用地取得後に工事は中止。現在も空き地のまま放置されている。

の結局、計画は中断された。鉄道による貨物輸送の需要が減ったためだ。

また飯能駅周辺が発展し、秩父方面の旅客列車が同駅を素通りするわけにはいかなくなったという事情もあった。飯能駅は飯能市の中心であり、一九九二（平成四）年に完成した駅ビルには、西武系列の商業施設が入居するなど、賑わいを見せていた。それに対し、東飯能駅周辺は純粋な住宅地であり、今後、乗客が増える要素は見当たらなかった。飯能駅へ停車せずに東飯能駅へ直通する短絡線を開通させるメリットは失われ、計画は立ち消えとなったのである。

今も池袋方面から飯能駅に入る手前の右側に、右にカーブしていく空き地があるが、それが短絡線予定地の名残である。

# 拝島線はもともと軍の専用線を寄せ集めたツギハギ路線がルーツ

拝島線

拝島《はいじま》線は、新宿線の小平《こだいら》駅からJR青梅線《おうめせん》、八高線《はちこうせん》、五日市線《いつかいちせん》が乗り入れる拝島駅を結ぶ全長一四・三キロメートルの路線だ。全線が開通したのは一九六八（昭和四三）年と比較的新しい。西武新宿から拝島までの急行列車も運行されており、今や西武鉄道のなかで準幹線的な役割を担っている。

拝島線は、旧多摩湖鉄道《たまこてつどう》の一部とブリヂストン工場の引き込み線、さらに日立航空機《ひたちこうくうき》立川工場の専用鉄道をツギハギしてつくったユニークな経歴を持つ路線である。

拝島線がどのように誕生したのか、その歴史をたどってみよう。

最初に拝島線の一部をつくったのは多摩湖鉄道である。同社は国分寺《こくぶんじ》を起点に村山貯水《むらやまちょすい》池《ち》および小平学園都市へのアクセスを企図し、国分寺～萩山《はぎやま》間を一九二八（昭和三）年に開業。一九三〇（昭和五）年には村山貯水池まで延伸した。

小平へは萩山から分岐する支線を建設することとした。旧西武鉄道村山線・小平駅の向かいに、本小平《もとこだいら》駅を開設し、一九二八年に、萩山～本小平間を開通させたのである。のちに西武鉄道多摩湖線となり、一九五四（昭和二九）年には、本小平駅と小平駅が統合されて一つの駅となった。

## 拝島から副都心新宿へと続く通勤路線

次に拝島線の一部になるのは、当時の大和村《やまとむら》（現・東大和市）にあった、日立航空機立川工場への専用線であった。現在の小川《おがわ》駅から玉川上水《たまがわじょうすい》駅の間に相当する。

この工場は、戦前の有力輸送機械メーカーだった東京瓦斯電気工業《とうきょうがすでんきこうぎょう》が、日中戦争中の一九三八（昭和一三）年に東京市内の大森から大和村へ移転したことに始まる。翌年には日立製作所《ひたちせいさくじょ》の系列下に入り、日立航空機としておもに航空機エンジンの製作を行なうようになった。

太平洋戦争が勃発し戦線が拡大していくと、生産力、輸送力強化のためこの軍需工場への鉄道敷設が必要になった。そこで、一九四四（昭和一九）年、要請を受けた西武鉄道が、小川駅から工場へ至る約四キロメートルの専用鉄道を敷設する。しかし翌年、工場は度重なる爆撃を受けほぼ壊滅状態となってしまった。使われなくなった工場と専用線は日興工業《にっこうこうぎょう》という会社に引き継がれ、さらに一九五〇（昭和二五）年に西武鉄道が譲り受け、上水線《じょうすいせん》として小川〜玉川上水間を開業した。しかし玉川上水駅から西武新宿駅へ達するためには、小川駅で国分寺線に乗り換え、北上して東村山駅に行き、新宿線に乗らなければならなかった。

そこで萩山と小川の間をつなぎ合わせる路線の敷設が目指されたが、その役目を担ったのが、ブリヂストンの引き込み線であった。

戦中、小川駅の東側には、車や戦車などの修理を行なう陸軍兵器補給廠小平分廠《りくぐんへいきほきゅうしょうこだいらぶんしょう》があった。そこには小川駅から工場内へ、修理車両を運ぶための引き込み線が設けられていた。戦後に工場が解体されたあとは、同地にブリヂストンタイヤ東京工場が進出して、引き込み線は同社の所有となる。やがて西武鉄道がこの路線を利用して、小川〜萩山間の短絡線をつくり、一九六二（昭和三七）年に開業。小平〜玉川上水間を上水線とした。

その後、一九六八年に玉川上水駅から拝島駅へと続く路線が西武鉄道の手によって敷設され、これにより拝島で国鉄青梅線・五日市線・八高線と接続した。上水線はこのときに拝島線と名を変えたのである。

現在は都心直通の通勤路線として、毎日多くの列車を走らせている拝島線だが、その前身は、複数の路線をつなぎ合わせてつくった路線だったのだ。

実際に乗車してみると、小平駅から小川駅の区間に屈曲部が多い印象を受けるだろう。これこそがカーブしていた工場の引き込み線のルートを今に残す名残である。

# 拝島線の前身線

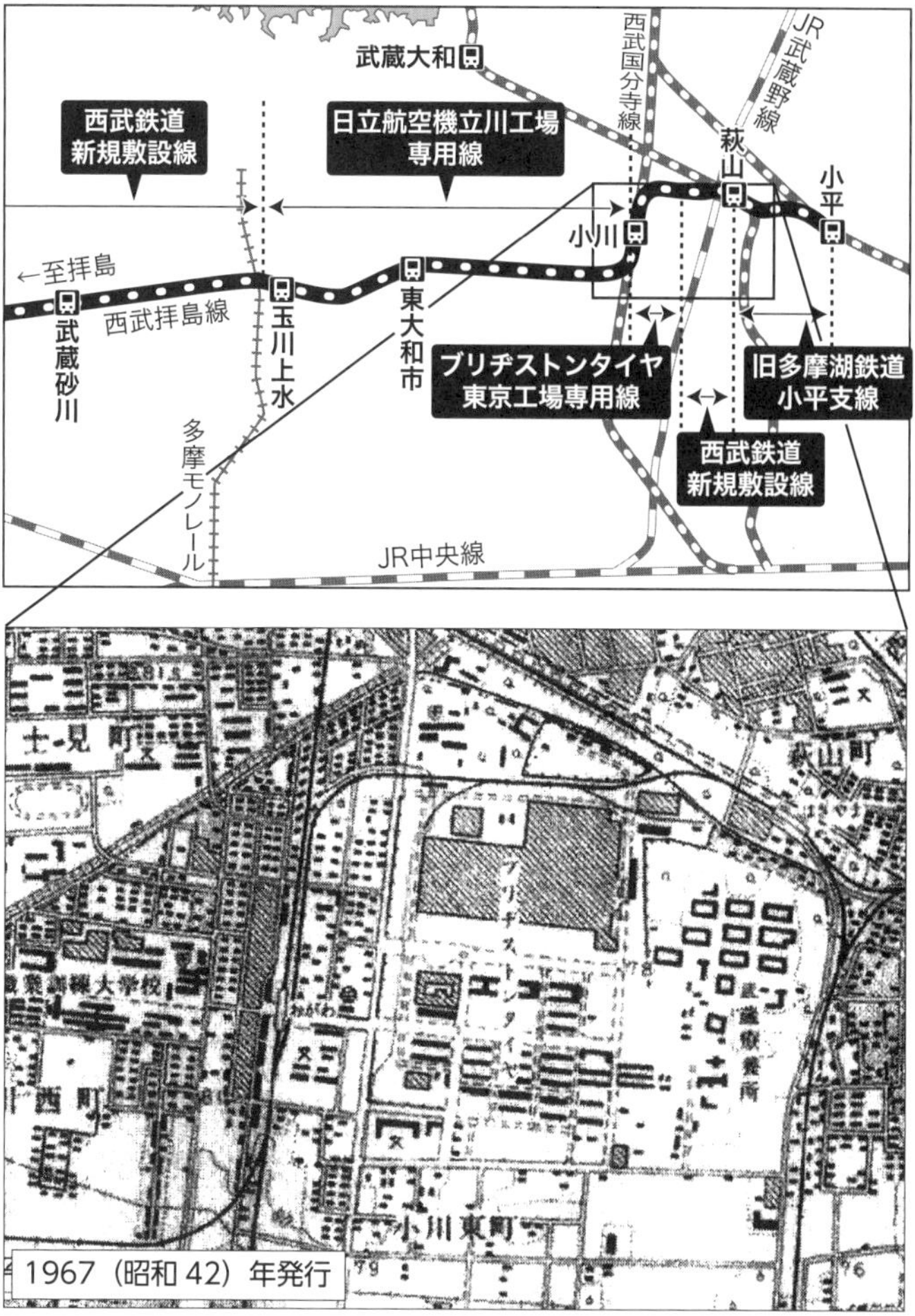


拝島線は異なる路線を組み合わせてつくられた。小平ー萩山は多摩湖鉄道小平支線、萩山ー小川の一部はブリヂストンタイヤ東京工場への引き込み線を利用した。また小川ー玉川上水は日立航空機立川工場専用線であった。

# かつて存在した新宿線地下化計画とは?

新宿線

新宿線で、つねに問題になっているのが都心寄りにある「開かずの踏切」である。とくに目立つのは中井《なかい》〜野方《のがた》間。朝のラッシュ時に一時間当たり四〇分以上遮断機が下りている踏切が五カ所もあり、周辺住民や通勤・通学者から不満の声が寄せられてきた。

そうした声を受けて現在、東京都は中井〜野方間の連続立体交差事業を進めている。同区間約二・四キロメートルを地下化し、合計七カ所の踏切を撤去しようというものだ。総額七二六億円をかけた工事はすでに始まっていたが、二〇二二(令和四)年時点で掘削工事が行われている。実現すれば、周辺住民らの不満解消に寄与することは間違いない。

この連続立体交差事業は東京都主導で行なわれているが、じつは過去にも西武鉄道が大規模な地下化を構想していたことがある。上石神井《かみしゃくじい》〜西武新宿間の一二・八キロメートルを地下線にするというプロジェクトだった。

一九八〇年代、上石神井〜西武新宿間は混雑率が二〇〇パーセントに達していた。列車本数も限界に達し、開かずの踏切はますます開かなくなってしまっていた。そこで西武鉄道は、地下に新たな線路をつくって急行を走らせ、在来線はそのまま地上を走らせるようにできないかと調査・計画を進めたのである。

地下を走る急行は、上石神井駅、高田馬場駅、西武新宿駅の三つの駅にしか止まらない予定で、田無《たなし》〜西武新宿間を一八分で結ぶ。在来線も待避時間がなくなるので、同区間を三四分で走ることができる。まさに夢のような計画だった。

一九九三（平成五）年、都市計画決定が行なわれ、西武鉄道も事業費の調達を開始した。しかし、地下化計画は幻に終わってしまう。

その理由は、おもに二つある。まず事業費が膨大になりすぎたことだ。地下水対策などで、地下化の実現には約二九〇〇億円が必要とされた。これは当初予算の一・八倍にもなった。バブル経済が崩壊した時期でもあり、とてもまかなえる額ではなかった。また少子化による人口減少が予想され、乗客の増加が期待できないことも足かせになった。

一九九五（平成七）年、西武鉄道は地下化計画を中止。積み立てていた約一五七億円は、通常運賃からの割引という形で乗客に還元することになった。

現在の連続立体交差事業よりはるかに大きな地下化計画に期待が膨らんだが、時代の趨《すう》勢《せい》にはかなわなかったようだ。

# 東久留米と武蔵境を結んでいた軍用路線の謎に迫る

池袋線 新宿線 多摩川線

SI 14　SS 17　SW 01

ひがしくるめ
東久留米
Higashi-Kurume

たなし
田無
Tanashi

むさしさかい
武蔵境
Musashi-Sakai

新宿線の田無駅から新宿方面に向かって青梅街道を東へ歩いていくと、やがて新宿線の高架橋が見えてくる。ここをくぐって左側の路地へ左折してみてほしい。先ほどくぐったのとは別の、小さな高架が見えてくるはずだ。

これは、保谷《ほうや》架道橋《かどうきょう》という、細い道の上を新宿線の高架がまたぐためにつくられた橋だ。よく見ると、橋をくぐる道は周辺の道路に対して直角に交わっておらず、不自然な印象を受ける。

保谷架道橋をくぐる道は、じつは戦時中に鉄道が走っていた跡である。当時の線路は、新宿線と斜めに交差しており、保谷架道橋が道路に対して斜めに交わっているのは、その名残である。では、かつてここに走っていた線路とは、いったい何だったのか。

これは、中島《なかじま》飛行機《ひこうき》武蔵《むさし》製作所《せいさくじょ》（現在の武蔵野中央公園の場所）と、田無町谷戸（現・西東京市）にあった中島航空金属《なかじまこうくうきんぞく》（現在の住友重機《すみともじゅうき》機械工業《きかいこうぎょう》田無製造所《たなしせいぞうじょ》の場所）とを連絡する専用鉄道だった。

中島飛行機という名前を聞いたことがある人は多いだろう。戦前の日本を代表する航空機メーカーの一つだった。中島飛行機は、海軍を退官した中島知久平《なかじまちくへい》が群馬県に創設し、一九二五（大正一四）年に現在の杉並区桃井に東京工場を設置した。やがてこれが手狭になったことから、一九三八（昭和一三）年五月に同じ青梅街道沿いの武蔵野の地に陸軍機用エンジン工場・武蔵野製作所を開いた。

さらに一九四一（昭和一六）年一〇月には武蔵野製作所の西隣に海軍機用のエンジン工場・多摩製作所を増設した。この二つの工場が一九四三（昭和一八）年の軍需会社法公布とともに一つにまとめられ、中島飛行機武蔵製作所となったのである。

一方の中島航空金属は、中島飛行機が製造したエンジンの試運転場として昭和の初めに保谷村に設置した施設が元である。一九三八年に、その試運転場の隣に中島飛行機の鋳鍛部門を担う工場・田無鋳鍛工場《たなしちゅうたんこうじょう》が誕生し、翌年に中島航空金属となった。

## 国鉄と西武鉄道をつなぐ秘密の軍事路線

日本の軍需産業を支えた両工場へは、物資輸送のために引き込み線が敷かれた。中島飛行機武蔵製作所へは、国鉄中央線の武蔵境駅《むさしさかい》から延びていた東京市水道局の専用線を延長させた。一方の中島航空金属には既存の路線がなかったため、武蔵野鉄道の東久留米駅《ひがしくるめ》から専用線を敷設した。全長二・八四キロメートルで、現在のひばりが丘団地のあたりを横切っていた。

だが、冒頭に紹介した専用線はこれらとは別のものである。それは先ほども述べたように、中島飛行機武蔵製作所と中島航空金属のあいだを結ぶ路線で、六〇〇ミリメートル軌間の軽便鉄道だった。軍事的性格の強いものであったことから、用地買収や敷設工事は軍が行なった。この路線については、軍の極秘事項だったためか資料が残っておらず、長年のあいだ謎に包まれていた。しかし、近年になって戦時中にアメリカ軍が撮影した偵察写真からこの路線が発見され、敷設ルートが浮き彫りになったのだ。それによると、軽便鉄道のルートは、かつての田無市と保谷市（現在は共に西東京市）の市境に沿って敷かれ、青梅街道の東側で旧西武鉄道の高架をくぐっていた。

こうしてみると、武蔵境駅から中島飛行機武蔵製作所、さらに中島飛行機武蔵製作所から中島航空金属、そして中島航空金属から東久留米駅と三つの専用線を介して国鉄中央線と武蔵野鉄道は結ばれていたことになる。

やがて一九四五（昭和二〇）年四月の大空襲により両工場は壊滅的な被害を受け、軽便鉄道の線路も荒廃した。ほかの二本の引き込み線についてはその後も使用された。

武蔵境駅からの引き込み線は、グリーンパーク野球場へのアクセス線となっていたが、球場の解体とともに休止。一九五九（昭和三四）年に正式に廃止となり、現在は遊歩道として整備されている。一方、東久留米駅からの引き込み線は、ひばりが丘団地の建設時に資材運搬線として活用された。現在では引き込み線の一部が「たての緑地」という遊歩道になっており、ゆるやかなカーブを描いて畑や住宅街を横切っている。

中島飛行機関連施設引き込み線（1945年）

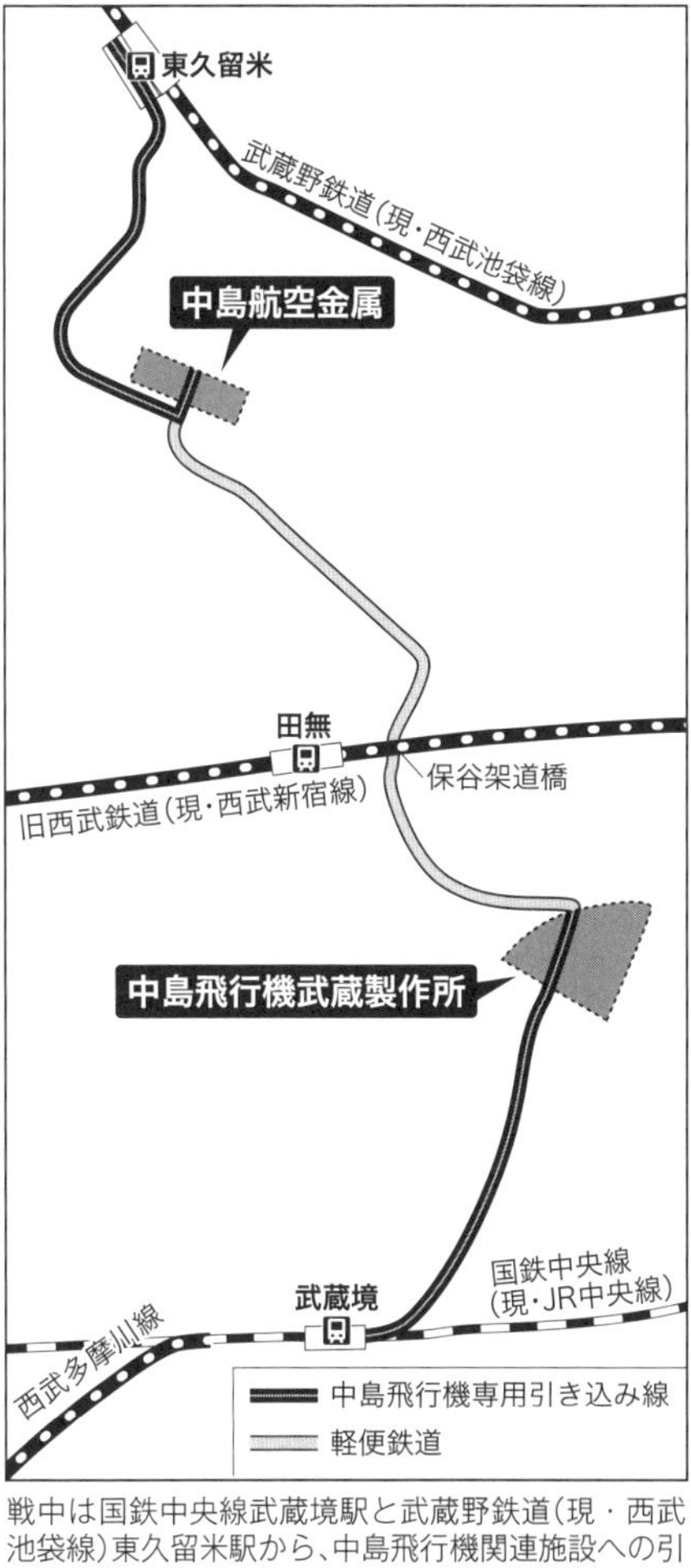


戦中は国鉄中央線武蔵境駅と武蔵野鉄道(現・西武池袋線)東久留米駅から、中島飛行機関連施設への引き込み線が敷かれていた。さらに武蔵製作所と中島航空金属を結んだ軽便鉄道は、旧西武鉄道(現・西武新宿線)の高架をくぐって両施設の間を連絡していた。

# 奥多摩にある廃線は、西武鉄道が夢見た一大レジャー施設の名残

小河内線

※廃線

東京の奥多摩《おくたま》といえば山々に囲まれ、山登りの人気スポットとして知られる。東京都民の水瓶《みずがめ》である奥多摩湖《おくたまこ》（小河内《おごうち》ダム）があり、美しい湖面は登山客の目を楽しませている。奥多摩湖に行くにはJR青梅線の終着駅である奥多摩駅から青梅街道をバスで一五分ほど走るが、道中に、ところどころ山腹を走る線路が見える。奥多摩駅が終着のはずなのに、なぜこんな場所に線路があるのか。地図を開いてみたところで、付近を走る鉄道路線は存在しない。

この線路は、小河内ダム建設のための資材運搬用に敷設した小河内線《おごうちせん》（別名・水根貨物《みずねかもつ》線《せん》）の廃線跡だ。一九五二（昭和二七）年に、氷川《ひかわ》駅（現・奥多摩駅）から小河内ダム北側の水根積卸場《みずねつみおろしじょう》へ至る六・七キロメートルの区間を結ぶ専用線として開通した路線である。一九五七（昭和三二）年に小河内ダムが完成するまで使用されたが、その後は使われることもなく現在まで放置されている。

この放置された貨物線が、西武鉄道と関係のある施設だとはあまり知られていない。じ

つは小河内線は、一時期、西武鉄道の所有となったことがあるのだ。ダムが竣工したあと、東京都は不要となった小河内線の売却を検討し、公開入札を行なった。西武鉄道はこれに参加して、線路を一・三億円で落札し、所有権を得たのである。そして小河内線に再び列車を走らせるため、一九六三（昭和三八）年に免許を取得。取得目的は「白髭《しらひげ》地区の石灰石の鉱石、および倉戸山《くらとやま》一帯の会社所有地を開発するための資材を運搬する」ことであった。

西武鉄道が、小河内線を「倉戸山一帯の会社所有地を開発するため」に取得したのは、ダム湖畔の水根界隈の土地を確保して、周辺に一大レジャー施設を建設する計画を立てていたためである。そのレジャー施設へのアクセスとして、奥多摩駅から奥多摩湖畔へと通じる小河内線を活用しようと考えていた。

それだけではない。西武は、拝島線の列車を氷川駅まで乗り入れさせ、西武新宿から拝島、氷川を通り、奥多摩湖までを直通させる計画だった。さらに奥多摩湖畔から倉戸山山頂までを結ぶ延長一・二キロメートルのケーブルカーの建設も予定していた。また、雲取《くもとり》山《やま》、三峰山《みつみねさん》経由で秩父方面へ抜けるロープウェーも整備する方針だったというから壮大である。当然、核となるレジャー施設として奥多摩湖畔や倉戸山頂などにホテルや温泉場なども建設する予定だったという。

## 消えた幻の「第二の箱根」計画

西武鉄道の思惑は、奥多摩を箱根のような観光地にすることだった。奥多摩湖にも温泉が湧いており、箱根のような都市近郊の観光地となる素地があったからだ。

しかし、計画は実現しなかった。結局、一九六四（昭和三九）年には免許が失効。取得した小河内線についても、運休状態のまま一九七八（昭和五三）年三月に地元の奥多摩工業に譲渡された。

西武鉄道が計画を断念した理由の一つに、昭和三〇年代から予想を超えるスピードで進んだモータリゼーションがある。観光地へ自宅から車で移動するという新たな手段が普及し、鉄道を敷設する必要性がなくなった。また、奥多摩湖がたびたび渇水し、湖水がなくなるため、社内ではそもそも奥多摩湖が行楽地としてふさわしい場所なのかといった疑問が出され、計画はすべて凍結されてしまったのである。

結局、譲渡先の奥多摩工業も小河内線を活用することはできず、使われないまま現在に至っているというわけだ。今も多くの部分で線路がそのまま残り、橋梁やトンネルも数多く現存している。これだけの施設が、五年間しか使用されず放置されたというのは、じつにもったいない話である。

## 奥多摩小河内線跡

奥多摩の山中に残る小河内線（別名・水根貨物線）。西武が奥多摩湖畔のリゾート開発のために所有していたが、使われることなく他社へ譲渡。現在もトンネルや橋梁などが残っている。

# 鉄道網から取り残され続けた武蔵村山市にようやくチャンス到来！

**箱根ヶ崎線**

※未成線

島しょ部を除いた東京都の自治体において、鉄道が一本も通っていないところは存在しない……と考える人は多いだろうが、じつは一カ所だけある。

それは、武蔵村山市《むさしむらやま》だ。鉄道の路線がないのだから、当然駅もなく、住民の移動手段は車かバスだけ。この不便な環境をどうにかしようと、民間バスだけでなく、市としてコミュニティバスを走らせるなどしているが、道路状況によっては時間がかかる場合もあり、鉄道がないのはやはり不便である。

広大な緑地があり、出産・子育てしやすい街のナンバーワンに選ばれたこともある武蔵村山市としては、より住民サービスを充実させるためにも鉄道誘致は悲願なのである。

そんな鉄道のない武蔵村山市に、かつては「鉄道」が走っていたことをご存じだろうか。

それは「羽村山口軽便鉄道《はむらやまぐちけいべんてつどう》」と呼ばれていた。一九二八（昭和三）年から始まった山口貯水池（狭山湖）の建設工事のために東京市が敷設した、砂利運搬のための工事用軌道のことだ。全長一二・六キロメートルで軌間は六一〇ミリメートルの路線であった。羽村堰《はむらせき》から山口貯水池へと向かうほぼ一直線のルートを走り、その途中で武蔵村山市を横断していた。山口貯水池の完成後もそのまま残り、堰堤《えんてい》への耐弾層《たいだんそう》工事に用いられたが、一九四四（昭和一九）年一二月末に撤去された。

現在、廃線跡は、羽村堰から青梅線までが一般道路に、その先から横田基地米軍ハウスに突き当たるルートは神明緑道《しんめいりょくどう》という名の遊歩道になっている。そして横田基地の東側は野山北公園自転車道《のやまきたこうえんじてんしゃどう》となっている。

## 旧西武によって進められた箱根ケ崎線計画

武蔵村山市には、沿線住民のための旅客線が走る予定もあった。村山軽便鉄道《むらやまけいべんてつどう》という会社が一九一五（大正四）年に、吉祥寺から田無、小平、東村山、高木《たかぎ》、中藤《なかとう》を経由して箱《はこ》根ケ崎《ねがさき》へ至る鉄道計画を立てたのだ。これは当時、鉄道空白地帯であった青梅街道沿いの小集落を貫くルートで、各町村の有力者が発起人として参加していた。

その後、敷設免許は川越鉄道に譲渡され、やがて旧西武鉄道がこの鉄道計画を握ることとなった。

そして、一九二九（昭和四）年に工事の認可が下り、東村山から当時、観光開発が進んでいた村山貯水池を経由して、武蔵高木駅（現・武蔵大和駅付近）まで着工しようということになった。一九三〇（昭和五）年には東村山〜村山貯水池前（現・西武園）間が開業した。現在の西武園線である。

しかしその後の延伸は順調ではなかった。旧西武鉄道の経営状態が悪く、敷設工事の延期申請をしてしまうのだ。また『鉄道未成線を歩く〈私鉄編〉』（ＪＴＢパブリッシング）の著者・森口誠之氏によると、ルート上に在郷軍人会北多摩郡連合会分会の射撃場があり、ここを通ることに対してクレームが出たこともマイナスに働いたという。結局、何度も工事の延期を繰り返した挙句に一九三一（昭和六）年に免許取り消しとなったのである。

一九六一（昭和三六）年には、武州鉄道《ぶしゅうてつどう》という会社が、三鷹《みたか》から大和《やまと》、箱根ケ崎、東青梅《ひがしおうめ》、名栗《なぐり》、横瀬《よこせ》、秩父《ちちぶ》市東町《しひがしまち》（御花畑《おはなばたけ》）へ至る区間の免許を取得し、鉄道建設に乗り出したこともあった。ただ、敷設免許を取得する際に、会社側と運輸大臣が贈収賄を行なっていたことが明るみに出て、武州鉄道の首脳陣が逮捕されてしまう。これにより計画は立ち消えとなり、またしても武蔵村山を走る鉄道計画は実現しなかったのである。

## 悲願のモノレール延伸は実現するのか⁉

鉄道敷設のチャンスは幾度となくあったが、武蔵村山市は鉄道網から外れたまま今日へと至ってしまった。

## 武蔵村山市の廃線とかつての計画線

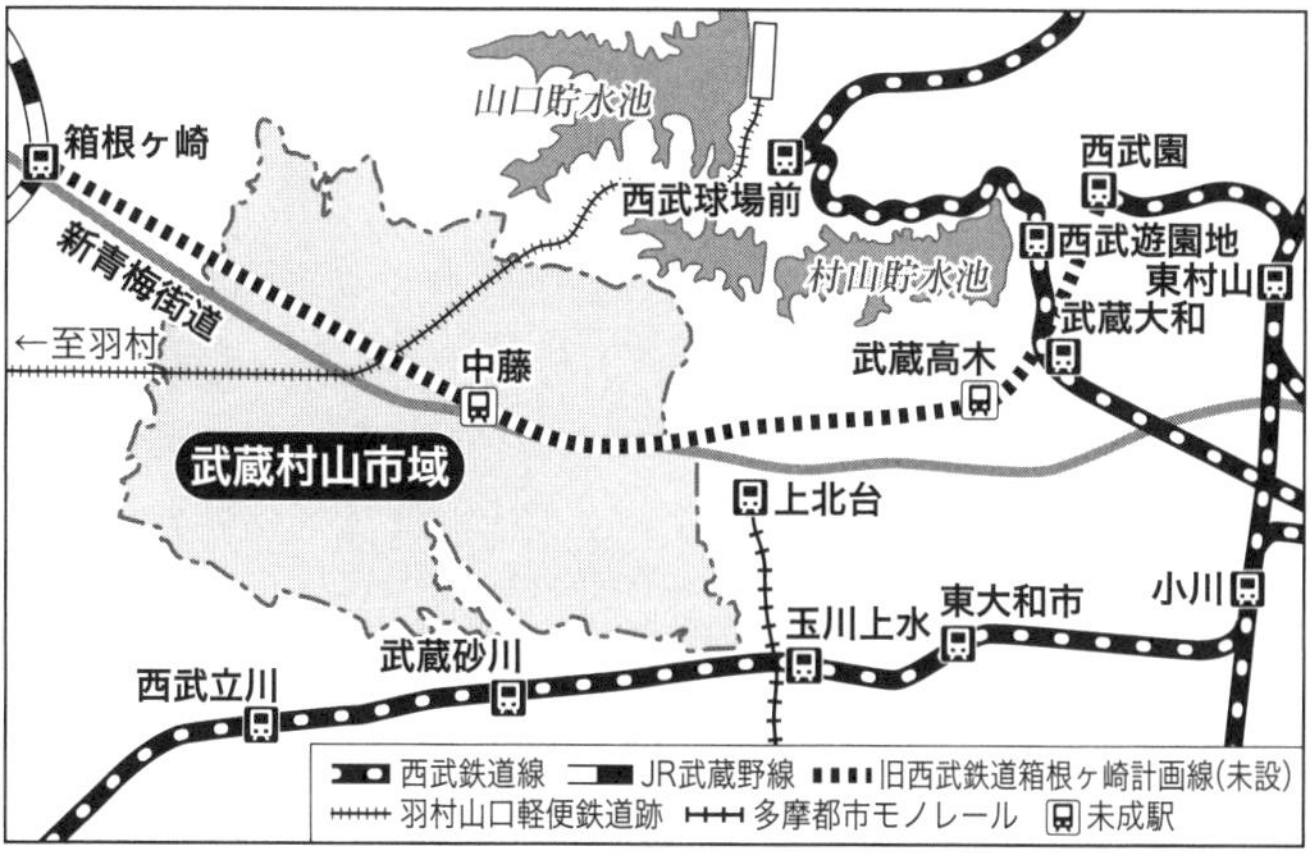


現在は"鉄道なし市"となっている武蔵村山市だが、かつては東京市水道局の砂利運搬線が走っていた。旧西武の箱根ヶ崎線の敷設も計画されていた。

そんな武蔵村山市が今、期待を寄せている計画がある。市内に入ると、街のあちこちにモノレールの延伸を求める横断幕や看板が目につく。これは多摩地区を南北に縦断している多摩《たま》モノレールのことで、現在は上北台《かみきただい》〜多摩センター間を結んでいる。その多摩モノレールを、箱根ヶ崎まで延伸する計画があるのだ。実現すれば、武蔵村山市の中央部を鉄道が横断することになる。開通した暁《あかつき》には、市内に五つの駅ができる予定だという。

東京都は、モノレールを建設する予定の新青梅街道の拡張整備などを行ない、延伸計画を少しずつ進めている。工事は一歩ずつであるが着実に進んでいる。

# 旧西武鉄道の新宿立川線が実現しなかったワケ

**新宿立川線**

※未成線

東京西部の地図を広げて見ると、都心と郊外を結ぶ路線が、南北にほぼ数キロメートルごとの間隔で走っていることがわかる。ＪＲ中央線の北側には西武の新宿線と池袋線の二線があり、南側には京王線が走る。だが北側の二線に比べて、南側の中央線と京王線の間がかなり離れており、途中の三鷹《みたか》市の一部などに鉄道空白地帯が存在しているのだ。

関東大震災を契機に、東京の郊外住宅地がいくつもできて、郊外鉄道が次々と敷かれたはずなのに、中央線と京王線のあいだだけが放置されたというのは考えにくい。

じつは鉄道各社が、この地域を放っておいたわけではない。中央線と京王線のあいだには三路線もの鉄道敷設計画があり、実際に申請も出されていたのである。ところがそのすべてが実現しないまま現在へと至っているのだ。

## 旧西武が計画した幻の新宿立川線

申請をしていた三路線のうちの一つが旧西武鉄道だ。

旧西武鉄道は一九二四（大正一三）年二月に新宿の淀橋《よどばし》前と国分寺を結ぶ新宿国分寺線の免許を申請した。これは旧西武鉄道の路線だった旧川越鉄道線（現・国分寺線）と接続させる予定だった。ところが、関東大震災で被災した神田一ツ橋にあった東京商科大学《とうきょうしょうかだいがく》（現・一橋大学）が北多摩郡谷保《やぼ》村（現・国立市《くにたち》）へと移転することになると、その建築資材の輸送や開校後の学生たちの通学のために、大学側から路線変更の要請を受ける。すると旧西武は、計画ルートを谷保村にできる大学町の南部を通るように変更する。さらに終点を立川駅へと延長（新宿立川旧線）して一九二五（大正一四）年に路線変更を国に申請。一九二七（昭和二）年に認可された。

しかし旧西武鉄道は一九二九（昭和四）年にまたもや路線変更（新宿立川線）を行なう。谷保村南部を通るルートから国鉄国立駅へと接続するルートにしたのである。さらに起点も新宿駅の北側へ変わり、三鷹村までは直進ではなく、住宅地を広くカバーするため、頻繁にカーブしながら進む線形となった。その後、多摩川線と連絡したあと、府中町の中央部を通り北西へ転換。国立駅へと向かい、国鉄中央線に沿う形で立川へ達する案だった。

## 西武鉄道と競合したために免許が下りなかった二つの案

二つ目は西武急行鉄道《せいぶきゅうこうてつどう》だ。「西武」の二文字が冠されているが、前述の旧西武鉄道とは

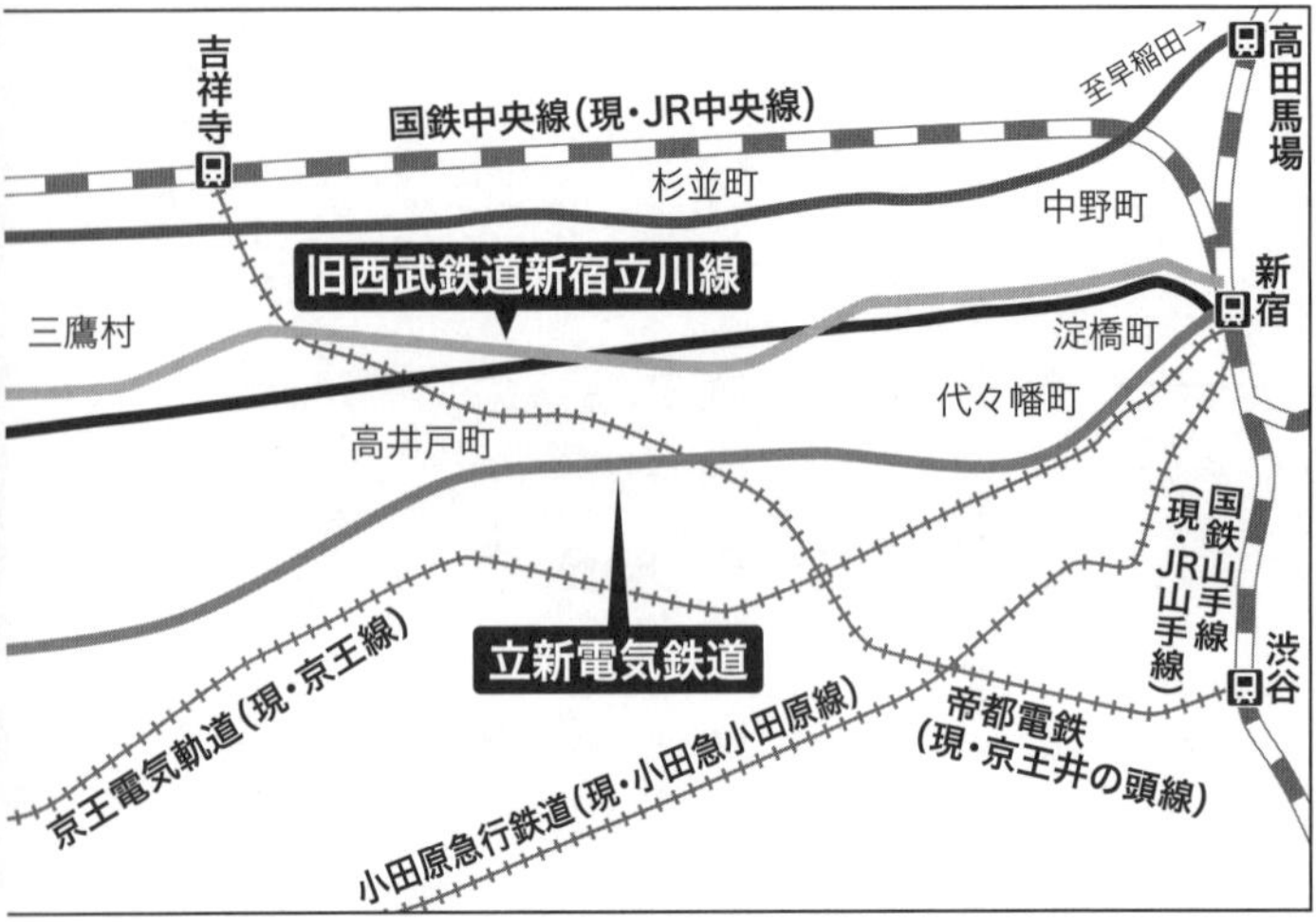


路線とのルート重複によってどれも敷設されることがなかった。

関係のない別の鉄道路線である。

西武急行鉄道は、早稲田〜立川間の路線を計画し、一九二五（大正一四）年七月に敷設申請を行なった。早稲田を起点に、中野町や杉並町、小金井村、谷保村を経て立川駅南側へ向かう、国鉄中央線のすぐ南を走るルートである。

三つめは立新電気鉄道《りっしんでんきてつどう》だ。現在の新宿駅の靖国通り大ガード付近を起点に、代々幡町、高井戸町など現在の京王線沿いに進み、調布町・府中町、谷保村を経て立川へ至るルートだった。

しかし西武急行鉄道と立新電気鉄道の出願は、どちらも一九二七（昭和二）年に却下されている。理由は、計画ルートが先に免許申請をしていた旧西武鉄道の

昭和初期の東京西部鉄道計画図

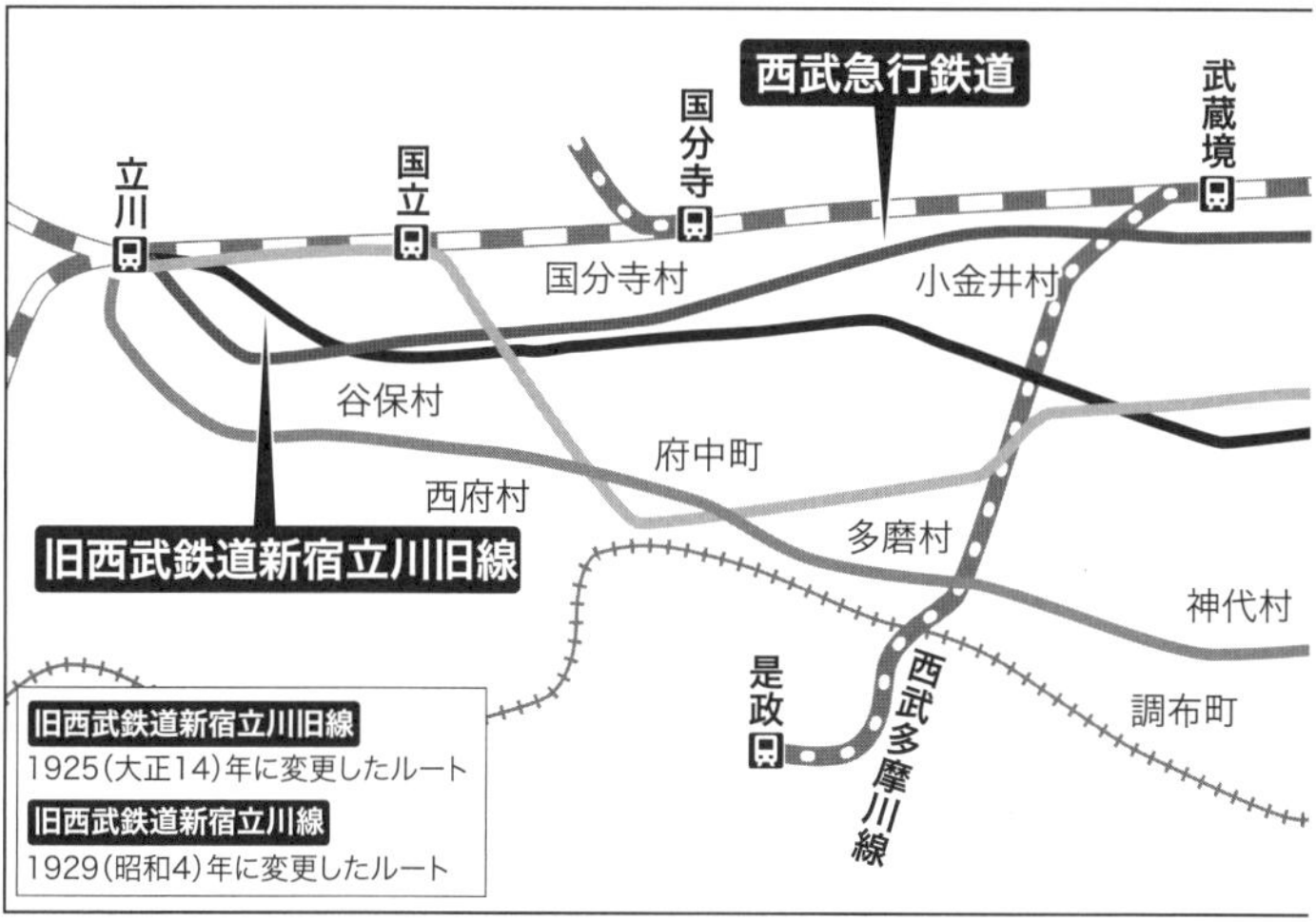


関東大震災後、都心と郊外を結ぶ鉄道路線が数多く計画されたが、昭和の不況や他

新宿立川線と非常に似通ったルートだったからだ。当時は路線の並行を理由に申請が却下されることは珍しくなかったのである。

では肝心の旧西武鉄道はその後どうしたのか。結局、免許を取得していた新宿立川線も実現しなかった。不況のあおりを受けて、資金調達ができなかったためだ。

新たな三つの路線は幻となり、今も京王線とJR中央線のあいだの一部に、鉄道が通らない空白地帯が残されたままというわけだ。もしあの当時、旧西武鉄道が先に免許申請を行なわず、ほかの会社に免許が下りていたら、国立や府中などの街は、現在とは異なる顔になっていただろう。

# 安比奈線を廃線ではなくあえて休止線にしていた西武の思惑

安比奈線

※休止線→廃線

新宿線の終点・本川越《ほんかわごえ》駅の一つ手前に、南大塚《みなみおおつか》駅がある。その南大塚駅から、本線とは別に北西の入間川河川敷へ向かう線路の存在をご存じだろうか。路線地図を見ても記載はないこの謎の線路の正体は、鉄道ファンのあいだで〝幻の路線〟として知られている安比《あひ》奈線《なせん》である。

安比奈線は南大塚駅と入間川河岸の安比奈駅を結ぶ三・二キロメートルの路線で、一九二五（大正一四）年に開通した。一九二三（大正一二）年の関東大震災で壊滅状態となった首都近郊の復興用資材として砂利を運ぶために敷設された路線で、第二次世界大戦後も戦災からの復興のため砂利の需要が増えた際に、安比奈線が活用された。東京オリンピックに向けての建設ラッシュでも重宝された。

ところが自然保護などの観点から川原の砂利を建設資材として採取することが全面禁止になり、安比奈線は活躍の場を失ってしまう。そして一九六七（昭和四二）年、ついに営業休止となったのである。

## 休止されていた安比奈線・ありし日の光景

葛川橋梁

住宅街のなかに突如あらわれた葛川橋梁。安比奈線で一番長く30メートルある。錆びたレールの下には、ボロボロに朽ちた枕木が並んでいる。危険を伴うため渡ることは避けておこう。

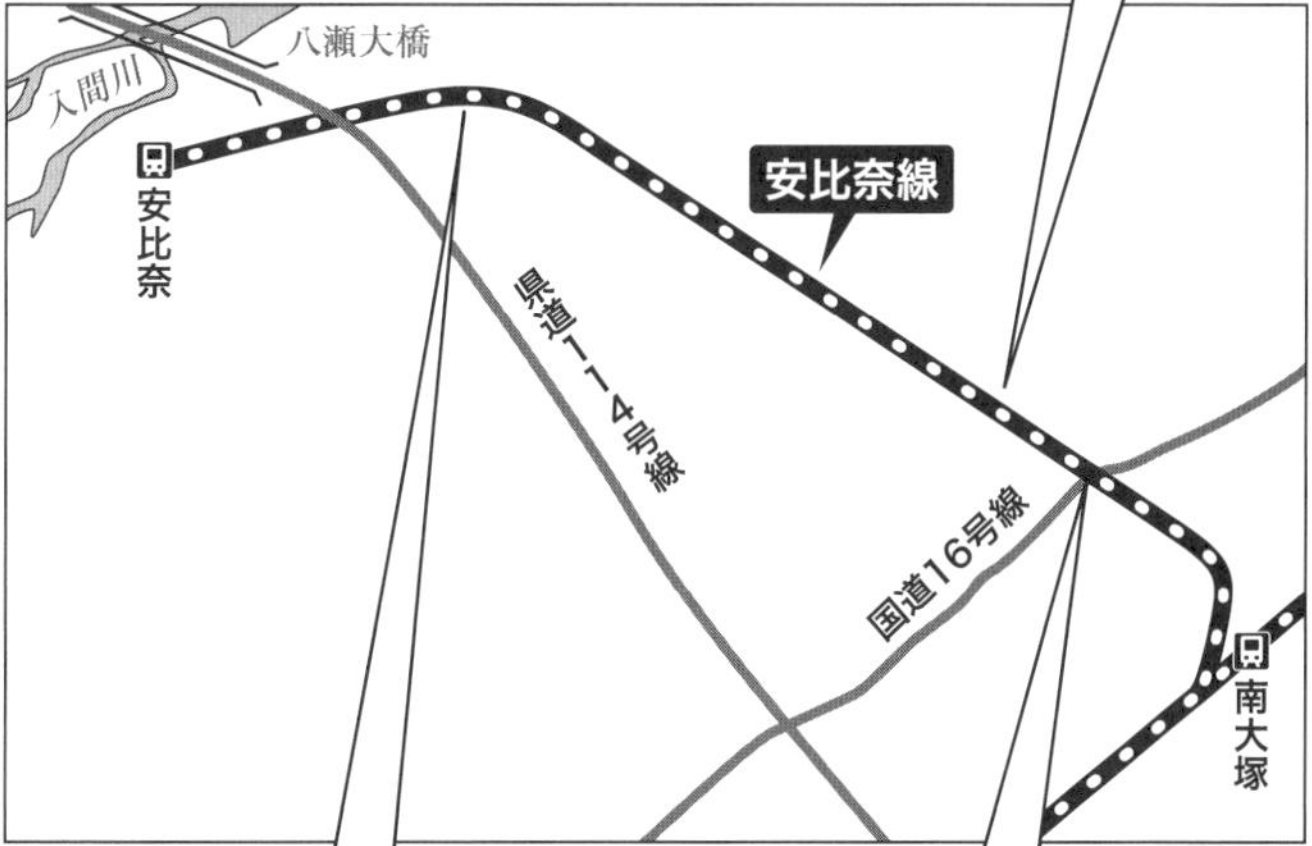

県道114号線八瀬大橋の上から東側を望む。レールの横には架線柱が残っていた。

国道16号線の歩道と交差する踏切部分。線路が半ば埋められている。

※写真は鳴海尚氏提供

目的を失った鉄道路線は「廃止」となるのがふつうだが、安比奈線は「休止」とされた。廃止となったのは二〇一七年。半世紀たっても放置されていたのはなぜだろうか。

## 西武鉄道は復活させるつもりだった

じつは西武鉄道には、安比奈線を復活させる思惑があったといわれる。もちろん、今さら砂利運搬に使おうとしていたわけではなく、車両基地への連絡線として利用するつもりだったようだ。一九八七（昭和六二）年、西武鉄道は西武新宿〜上石神井間の複々線化を計画した。運行本数が増えれば、車両が多く必要になり、基地も拡張しなければならない。そこで安比奈駅の跡地周辺に、三〇〇両を収容可能な車両基地をつくろうとしたのである。

しかしその後の「バブル崩壊」で経済が低迷すると、もはや乗客数の伸びは期待できないと判断され、複々線化自体が中止になってしまう。安比奈線の再整備計画も立ち消えとなった。

安比奈線はこうして〝幻の路線〟となったわけだが、レールや橋梁の一部は当時のままの姿で残っている。雑草が生い茂り、ふだんは立ち入り禁止になっているものの、時折、西武鉄道や地元の川越市によって「安比奈線ツアー」が企画されていた。実際に目で見て歩く貴重な体験ができるとして、鉄道ファンの間では人気があった。

# かつてあった上り屋敷駅から読み解く都心延伸の目論み

池袋線
あがりやしき
上り屋敷
Agariyashiki
※廃駅

池袋線の各駅停車は、池袋駅を出ると、まず椎名町《しいなまち》駅に止まる。同路線の利用客なら、池袋駅の隣が椎名町駅であることは言わずもがなであろう。しかし、かつて池袋～椎名町間にもう一つ駅があったことを知る人はほとんどいないはずだ。

駅の名は上《あが》り屋敷《やしき》駅といい、池袋線前身の武蔵野鉄道時代の一九二九（昭和四）年五月に開設された。「上り屋敷」という駅名がついたのは、公式な地名ではなかったものの、一帯が上り屋敷と呼ばれていたためだ。この呼び名にはいくつかの由来がある。

江戸時代、徳川八代将軍・吉宗《よしむね》は狩りをする際に、この地にあった休息所（お上り屋敷と呼ばれた）を利用していた。それがそのまま地名となったという説が一つ。もう一つは、ここに「上がり地」と呼ばれる幕府の公用地があり、上がり地に建てた建物を「上り屋敷」と呼んだことにちなむという説だ。どちらが正しいかは不明だが、いずれにしても幕府の要地が関係しているらしい。

上り屋敷駅は一九二九年の開設後、第二次世界大戦末期まで利用された。しかし一九四五（昭和二〇）年二月に休止となってしまう。戦争が終わっても再開されず、一九五三（昭和二八）年には廃駅となった。

開設からわずか一六年での終幕――。戦時中は軍関係の輸送が第一とされ、鉄道会社はさまざまな規制を受けたことを考えれば、休止措置は仕方ないかもしれない。しかし戦後、復活することなく、あっさり廃駅となっているのはどうしてか。その理由を探ると、武蔵野鉄道の当時の思惑が見えてくるのである。

## 武蔵野鉄道の延伸計画の重要拠点として

上り屋敷駅は、池袋駅からわずか一キロメートルしか離れていなかったにもかかわらず、多くの乗降客がいた。開業時の一九二九年は年間約一〇万人が乗車し、その三年後には三六万人にまで増加している。しかし武蔵野鉄道にとっての上り屋敷駅の存在は、乗客の利用よりもはるかに重要な意味があった。

当時、武蔵野鉄道が起点としていた池袋駅は、現在のように多くの路線が乗り入れる便利なターミナル駅ではなく、接続も山手線しかなかった。そこで武蔵野鉄道は、駅の開設以前から都心へのさらなる延伸を計画。池袋～椎名町間に新駅を設け、そこから分岐して、文京区の護国寺《ごこくじ》付近に至る新路線をつくろうとしていた。その新駅というのが、上り屋敷

## 上り屋敷駅と護国寺延伸計画

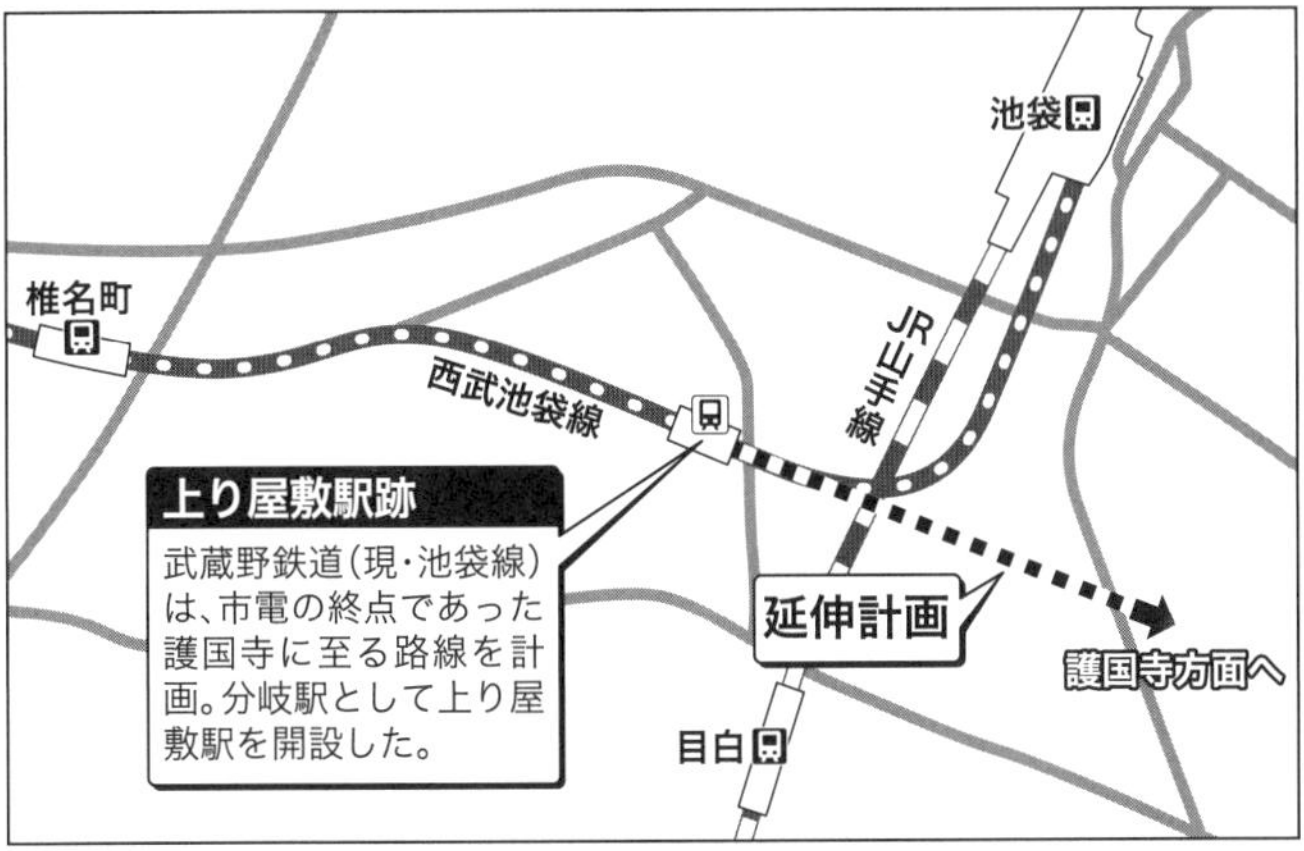


上り屋敷駅は1929（昭和4）年に設置された。武蔵野鉄道は護国寺方面への延伸を計画しており、上り屋敷駅をその分岐駅とする予定だったが、資金難のため頓挫。駅も1945（昭和20）年に休止され、その後廃止に至った。

駅だったのである。

しかし、護国寺延伸計画は途中で頓挫してしまう。武蔵野鉄道は村山貯水池や吾野などへ延びるほかの路線の建設で赤字を膨らませ、経営状態が悪化したからだ。

やがて戦後になると、旧西武鉄道と合併して現在の西武鉄道へと姿を変えたが、上り屋敷駅から護国寺方面への延伸計画が西武鉄道に引き継がれることはなかった。つまり、上り屋敷駅の存在理由は失われ、廃駅の憂き目にあったのである。

現在は、池袋二号踏切と三号踏切のあいだにある、線路脇の細長い空き地（上がり屋敷駅ホームの跡）だけが、同駅が存在したことをかすかに伝えている。

第四章

# 知れば地元が好きになる！西武鉄道の沿線史

# 住宅街に突如現われる蟻地獄のような遺構はいったいナニ？

SS 25 新宿線

入曽《いりそ》

Iriso

入曽《いりそ》駅を出て北へ一〇分ほど歩くと、旧鎌倉街道の付近に巨大な蟻地獄《ありじごく》の巣のような形をしたすり鉢状の地形が現われる。埼玉県指定史跡の、七曲井《ななまがりのい》という昔の井戸である。

一九七〇（昭和四五）年から三年の月日をかけて行なわれた狭山《さやま》市教育委員会による発掘調査の結果、井戸の全貌が露わになった。地表部分の直径は一八〜二六メートル、底部の直径は五メートル、深さは一一・五メートルもあるというから、かなり大きな窪地であることがわかるだろう。そして底部の中央には、井戸穴がある。

この井戸は、まず傾斜面にある井戸道を下ってから井戸穴に溜まった水を汲むようになっている。七曲井の井戸道は、上部は階段状に、急傾斜の中間層は曲がり道となっている。当初はその名のとおり七つの曲がり道がつくられていたと考えられているが、復元された現在は不明瞭になっている。

このような形の井戸は古くから「ほりかねの井」と呼ばれ、武蔵野台地一帯でつくられていた。七曲井のほかに、羽村《はむら》にある、傾斜部に螺旋《らせん》状の道がつけられた「まいまいず井

狭山市にある復元された七曲井。曲がりくねった井戸道が見える。（狭山市提供）

戸」もその一つである。

これらのほりかねの井が、いつ頃からつくられたのか詳細は不明だが、平安時代には存在していたらしい。平安時代前期に詠《よ》まれた和歌や清少納言《せいしょうなごん》の『枕草子《まくらのそうし》』にその名が見られる。

## ほりかねの井が必要だった地理的な要因

それにしても、どうしてこれほど大規模な井戸をつくる必要があったのだろうか。工事はおろか、利用する際もひと仕事だったはずだ。急傾斜の曲がり道は歩きづらいうえ、重たい水を運び上げなければならない。

このような形になった理由は、周辺の土

壌の特性に原因がある。武蔵野台地の水脈は深い場所にあり、そのため、かなり深く掘らなければ水が得られなかった。

さらにこのあたりは脆《もろ》い砂礫《されき》層の土壌であったために、掘り進めても、すぐに壁の砂が崩れてしまい、一般的な井戸のように一辺が一メートル程度の細い井戸を掘ることは難しかった。そのため、まずは漏斗《ろうと》状に広く掘り下げて、水脈へ届く深部まで到達できるようにしたのである。つまり、「ほりかね」とは「堀難《ほりがた》い」を意味していたのだ。

ほりかねの井は周辺の集落の人々が協力してつくり、飲料用、炊事洗濯用、農業用などの生活用水として共同で使用した。

また主要道路の近くで発見されている井戸は、旅人たちが使う公共施設として利用されていた。このことは、平安時代の『延喜式《えんぎしき》』において、官道沿いに井戸を備えるよう記されていることと一致する。

平安時代より、武蔵野台地の人々を潤してきたほりかねの井だが、江戸時代の後期頃には終焉を迎えることになる。周辺の新田開発が進んで雑木林の面積が減少し、水脈がさらに低下したためである。深掘りを余儀なくされた井戸は、露出した壁面の修復頻度が増し、やがて維持管理が追いつかなくなった。そして一八世紀末頃にはついに放棄されてしまったのである。

池袋線

SI 19

こてさし
小手指
Kotesashi

# 新田軍と幕府軍が激突した「小手指原の戦い」がこの場所で起きた地理的理由

池袋線の所沢駅から飯能方面に二駅進むと、小手指《こてさし》駅に到着する。ここには小手指車両基地があり、始発列車が多く発車するため、通勤や通学に便利な駅として需要が高い。駅前には多くの商業施設やマンションなどが建ち並び、周辺には公園やプールもあり、文化的な住宅地といった雰囲気だ。

新興住宅地がある一方、駅から南西へ約一・五キロメートル行ったところにある高台は、日本史上でも有名な戦いが繰り広げられた古戦場跡として知られる。鎌倉時代末期、幕府が滅びるきっかけとなった「小手指原《こてさしがはら》の戦《たたか》い」の舞台である。この戦いは、鎌倉幕府の滅亡を端緒とする南北朝時代の動乱を描く軍記物語『太平記《たいへいき》』のハイライトともいえる。

一三世紀に起こった文永の役・弘安の役（元寇《げんこう》）の出費によって鎌倉幕府の財政は悪化、外敵から自国を守っただけであるために恩賞《おんしょう》も出せないことから、御家人たちが幕府に不満を募らせていく状況にあった。この鎌倉幕府の衰退に乗じて後醍醐天皇《ごだいごてんのう》が討幕に動き出し、これに応じたのが足利尊氏《あしかがたかうじ》や新田義貞《にったよしさだ》である。

上野国《こうずけのくに》（現在の群馬県）を本拠地とする源氏一族・義貞は、わずか一五〇騎で挙兵、鎌倉に向かう途上で援軍を増やし、二〇万七〇〇〇騎の大軍を率いて鎌倉街道を進軍した。そして新田軍が、幕府軍と相対したのが小手指原だった。この地で激戦を繰り広げたのち、新田軍は鎌倉へ進軍、義貞が討幕の立役者となったことは周知の事実である。

## 幕府軍の迎撃作戦を上回るスピードで進軍

小手指原が戦場となった一つの要因は、小手指原の北側を流れる入間川《いるまがわ》が、鎌倉幕府の第一防衛ラインだったからだ。北関東や信越地方との往来が盛んになった鎌倉時代、入間川の渡し場にある入間川宿は、交通や軍事上の重要拠点だった。そのため、鎌倉幕府は討幕軍の挙兵の一報を受けると、まずは入間川の確保に動いた。新田軍が北岸から渡渉する前に南岸に到着してこれを迎撃し、進軍を阻止しようとした。川を挟んだ戦いであれば、攻め入る新田軍にとっては難所となると考えたのだ。

ところが新田軍は、周辺の豪族たちから兵糧の補給などの協力を得て、幕府軍の予想を上回るスピードで進軍した。約八〇キロメートルにも及ぶ距離を二日で行軍。そして幕府軍が迎撃の準備をする前に、新田軍は入間川にたどり着き、渡渉したのである。その後、新田軍は、入間川の南に位置する小手指原で幕府軍と遭遇し、そのまま合戦へともつれ込

## 小手指駅周辺に残る小手指原の戦い関連史跡

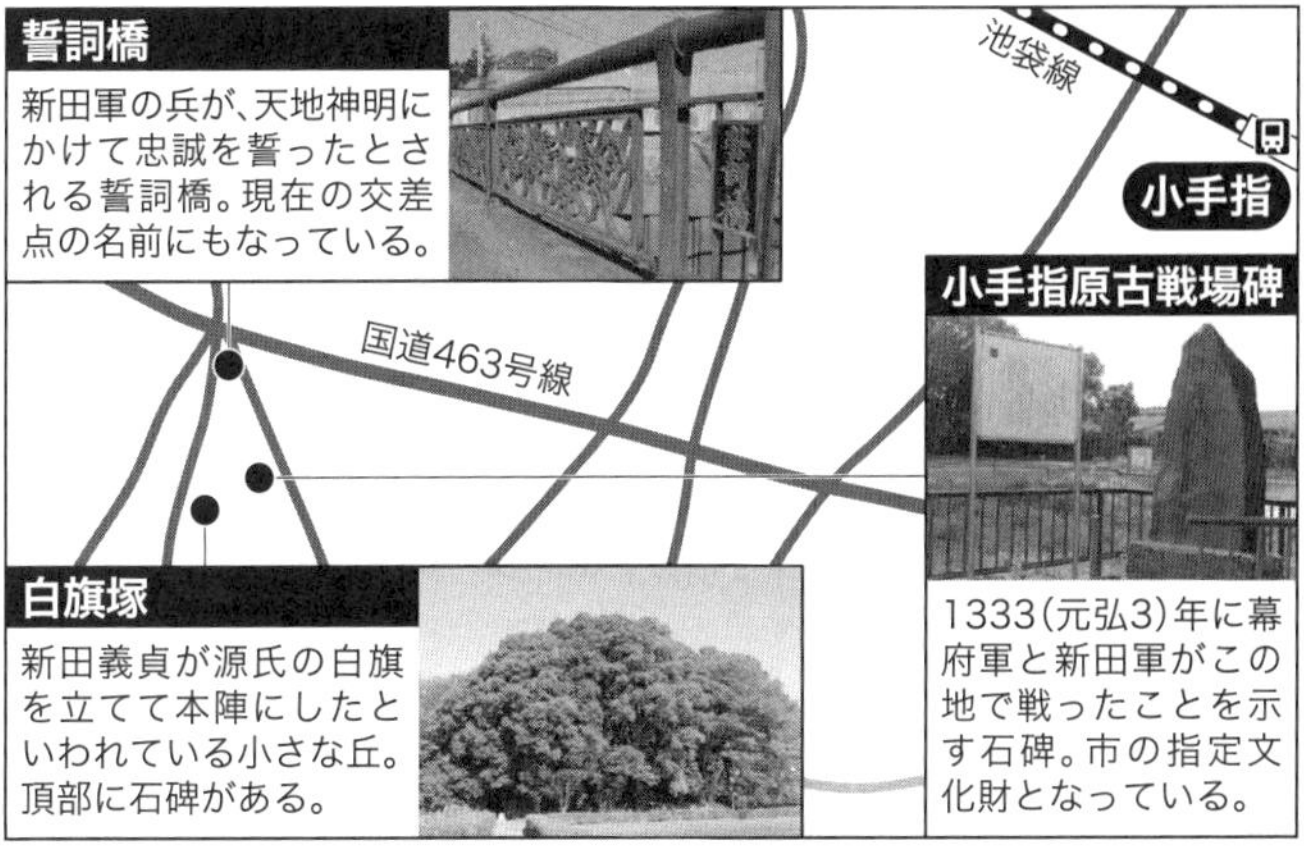


小手指駅の南西には、古戦場であったことを今に伝える史跡が存在する。この平野がまさに1333（元弘３）年に鎌倉軍と新田軍が激戦を繰り広げた場所だ。（写真は所沢市提供）

んだ。小手指原が合戦場となったのは、入間川の重要性と、新田軍の予想を超える速い進軍に理由があったのだ。

戦いを伝える史跡が、小手指原には今も多く残っている。茶畑に広がる道には「小手指原古戦場」と刻まれた碑があり、すぐそばには新田義貞が源氏のシンボルである白い旗を掲げた「白旗塚《しろはたづか》」という小山が残る。また近くを流れる小川には、討幕を誓った場所とされる「誓詞橋《せいじがはし》」が架かり、そのほか、所沢市南部には新田軍が勢ぞろいした「勢揃橋《せいぞろいばし》」、義貞が陣を構えて軍勢を指揮した「将軍塚《しょうぐんづか》」などが残っている。

新興住宅地として開けた小手指だが、現代に残る史跡は、この場所で、激戦が繰り広げられたことを語っている。

# 現在七叉路の八坂交差点、かつては九本の道が交差していた

多摩湖線
ST 05
やさか
八坂
Yasaka

多摩湖線の八坂《やさか》駅は東村山市栄町《さかえちょう》にある。この駅は多摩湖線の前身である多摩湖鉄道《たまこてつどう》が開通したときには存在しなかったが、開通から一五年経った一九四二（昭和一七）年に設置された。この地に陸軍少年通信兵学校と陸軍兵器《りくぐんへいき》補給廠《ほきゅうしょう》小平《こだいら》分廠《ぶんしょう》が建設されることになり、軍部から駅設置の要請があったためである。

「八坂」という駅名になったのは、駅から徒歩五分ほどの距離にある八坂神社に由来する。八坂神社は日本神話に登場するスサノオノミコトを祭神《さいじん》とする由緒正しい神社だ。

しかし八坂駅は、開設直前まで別の駅名になるはずだった。八坂駅が開業した翌年に発行された陸軍参謀本部陸地測量部の地図によると、「八坂」の駅名は「九道《くどう》の辻《つじ》」となっている。最終的には八坂駅に落ち着くのだが、九道の辻駅になる可能性もあったわけだ。

九道の辻とは、現在の八坂駅の改札を出て府中街道を南に一〇〇メートルほど行ったところにある八坂交差点を指している。

九道の辻という名からもわかるように、ここはかつて九本もの道が集まった複雑な辻だ

った。

鎌倉街道、江戸街道、奥州街道、大山街道、引股道、宮寺道、秩父道、清戸道、御窪道という九つの道が交わり、物と人が行き来した。前橋と鎌倉のほぼ中間に当たり、鎌倉と北関東をつなぐ交通の要所だったのである。

この辻の複雑さを象徴する伝説が一つ残っている。

その昔、鎌倉へ向かう新田義貞がこの地に差しかかったとき、どの道が鎌倉へ通じているのかわからなくなった。これではほかの人も迷うだろうと、鎌倉への道しるべとして桜を植えたのだという。それは「迷いの桜」と呼ばれた。

その後、桜は幾度か植え替えられたそうだが、八坂交差点の南東の角にある八坂交番脇には、今も「迷いの桜」という表示板とともに一本の桜が立っている。

現在では、交差する道は九本ではなく七本になっている。いつしか引股道が清戸道に、御窪道が宮寺道にそれぞれまとまり、二本は姿を消してしまったためだ。

それでも、今も昔もこの交差点が複雑であることには変わりない。かつての鎌倉街道が、府中街道となって交差点を南北に貫いているほか、交差点から東に二本、西に三本も道が延びている。

土地勘のある人でなければ、行き先に迷うこと必至の「迷」スポットである。

狭山線
SI 40
しもやまぐち
下山口
Shimo-Yamaguchi

# 狭山線の車窓から見える こんもりとした丘はじつはお城の跡

狭山線の下り方面に乗って下山口《しもやまぐち》駅から五〇〇メートルほど過ぎると、左側の車窓に草の茂るこんもりした小さい丘が見える。何かの空き地かそれともただの荒れ地かと思ってしまうが、じつは平安時代から続く城跡である。

城の名は山口城《やまぐちじょう》といった。城があったこの場所は、北に狭山丘陵が迫り、南は柳瀬川《やなせがわ》と湿地に囲まれ、丘陵の湧き水による水田が四方に広がる豊かな土地だった。

平安時代の末期、武蔵国司《むさしこくし》に任命されて京からやってきた平頼任《たいらのよりとう》は、任期が終わっても都に帰らず、土着してこの地の豪族となった。そして、孫である平家継《たいらのいえつぐ》が、居館・山口城を築いて山口氏を名乗るようになったのである。

山口氏は源氏に従って数々の戦を勝ち抜いてきた武士で、鎌倉幕府の御家人《ごけにん》としても活躍した。活躍ぶりは、『保元物語《ほうげんものがたり》』『源平盛衰記《げんぺいせいすいき》』『吾妻鏡《あづまかがみ》』などで見ることができる。

だが鎌倉幕府が崩壊すると、鎌倉街道が走るこの地域では、争乱が繰り広げられた。一三六七（正平《しょうへい》二二）年には武蔵平一揆《むさしへいいっき》の乱が起きた。山口氏や河越氏《かわごえし》などの地元の武士が、武蔵守護上杉氏《うえすぎし》や幕府の足利氏へ反旗を翻したのだ。このとき山口城主だった山口高清《たかきよ》は、足利氏と戦っていた河越氏を援護すべく河越氏の館に籠城《ろうじょう》していた。足利軍は、高清の留守をついて山口城を攻撃。当時の山口城は、居館としての機能しかなく、城郭のような防御力は皆無だった。

攻撃の報せを受けた高清は、急遽山口城へ戻ったもののすでに落ち、入城することさえできなかった。高清は城の東にある瑞岩寺《ずいがんじ》に追いつめられて自害し、城内にいた夫人は、幼子を抱いて入水した。この池跡は、「稚子《ちご》の池《いけ》」という名で今も城跡に残っている。

## 守りの城に大改修するも、その後は廃城

その後もこの地は平穏ではなかった。室町時代、高清の孫に当たる高忠《たかただ》は、守りを固めるべく城の大改造に着手した。本丸を中心として東西の郭《くるわ》、北側の出郭《でぐるわ》、南側の出郭を建て、土塁《どるい》や堀は二重、三重に巡らし、城塞としての機能を整えた。その範囲は、東西四〇〇メートル、南北二四〇メートルにも及んだ。南は柳瀬川、北は現在の山口小学校、西は同じく藤森稲荷までである。

こうして守りを固めた山口城だったが、戦国時代になると、北条氏に攻められ、二度目の落城を経験し、これを機に山口氏が城主のまま北条氏《ほうじょうし》の支城となった。さらに時代が下

ると一帯は徳川家康の支配下になり、山口城は廃城となった。山口氏も徳川家に仕官したが、やがて浪人になったと伝わる。

放棄された城の跡地は畑や民家にとって代わられ、堀の跡は溜池として利用された。さらに近代になると、県道や西武鉄道の線路によって分断されてしまう。そして今では城の南端だったわずかな土塁跡と空堀《からぼり》跡、そして稚児の池跡しか確認できないほどにまで崩れてしまった。それでも周辺には、「堀の内」「城上」「梨の木戸」といった城にまつわる地名だけは残っている。

山口城の調査・研究が始まったのは戦後になってからで、一九五二（昭和二七）年に「山口城跡平面図」が作成された。高度経済成長期以降は、周辺の開発が進み、宅地開発や量販店進出などによって一帯は様変わりした。そのため、当時の様子を伝える史料として、この平面図は大変貴重なものとなっている。

一九七七（昭和五二）年からは城跡の本格的な発掘調査が行なわれるようになり、陶磁《とうじ》器《き》、板碑《いたび》、かわらけ、布目《ぬのめ》瓦《がわら》、鉄器、砥石《といし》などが出土している。それらは城跡に隣接している山口民俗資料館に納められている。

車窓から見える丘は、かつて広大な敷地を有していた城の南東部分に当たる。草が生い茂る土塁跡が、平安時代から続いた山口一族の足跡をわれわれに語っている。

西武秩父線 SI 36

西武秩父《せいぶちちぶ》
Seibu-Chichibu

# 秩父の名峰・武甲山が高くなったり低くなったりするミステリー

西武秩父線に乗り南側の車窓を眺めていると、秩父の名峰・武甲山《ぶこうざん》が見えてくる。秩父市の中心から約三キロメートルの位置にあり、盆地である市内から見ると、そびえたつ姿は大きな壁を思わせる存在感を放つ。一八三〇（天保元）年に完成した『新編武蔵風土記《しんぺんむさしふどき》稿《こう》』でも「武蔵国第一の高山にて世に聞こえたる名嶽」と称えられた。山の名は、日本の神話の英雄であるヤマトタケルノミコトが東征の際に戦勝祈願のために甲冑《かっちゅう》を納めたという伝説が由来とされる。また、古くから信仰の山として知られる。

このように歴史をもつ武甲山だが、近代に入ると石灰岩で注目を集めた。建築ラッシュでセメントの需要が高まり、石灰岩の鉱床があった武甲山で大規模な採掘が行なわれた。その結果、山の姿が激変し、標高が下がるという事態が起こったのである。

## 三角点の移動が怪の正体

一九〇〇（明治三三）年に武甲山で最初に行なわれた測量では、標高は一三三六メートルだった。このとき山頂に設けられた三角点は、石灰岩層の真上に位置していた。三角点とは、緯度経度や標高を測定するための基準となる測量標のことで、山頂に設置する場合が多いことから、一般的には三角点の値がその山の最高地点とされる場合が多い。

石灰岩の採掘が進み、武甲山の山頂付近でも採掘が始まると、採掘の影響を受けない場所へ三角点を移動する必要に迫られた。そして一九七七（昭和五二）年、三角点はこの時点で武甲山の最高地点とされた場所へと移動する。新しく測量した標高は一二九五メートル。最初に比べ、四一メートルも低くなったのである。

ところが武甲山の標高はまたも変化する。再調査において、三角点とは別の場所で、前回の測量値を九メートル上回る一三〇四メートルという地点が見つかったのだ。そのために二〇〇二（平成一四）年には、武甲山の標高が再び訂正された。こうして武甲山の標高は、上がったり下がったりすることとなった。

では武甲山がさらに掘り進められ、標高が変わることは今後あるのだろうか。現状は、山頂付近にはもう石灰岩がなくなっているため、標高が変わる可能性は低いという。

それでも、武甲山の中腹にはまだ石灰岩があり、現在も採掘は続いている。秩父市街に面した北側に多くの石灰岩があることから、高さは変わることはなくても、その姿はこれからも少しずつ変化していくにちがいない。

上の写真は1960（昭和35）年撮影の武甲山。下の写真は2014（平成26）年撮影。山体が削られ、大きく形が変わっていることがわかる。（武甲山資料館提供）

# 江戸の花火はここ横瀬からはじまった!

西武秩父線 SI 35

よこぜ
横瀬
Yokoze

江戸時代から広まった花火は、日本人にとって夏の風物詩である。現在は全国各地で花火大会が催され、毎年大勢の人で賑わう。

だが、われわれの目を楽しませてくれる打ち上げ花火のルーツの一つが、西武秩父線の沿線、横瀬《よこぜ》の地にあったといえば意外に思わないだろうか。花火といえば、広い河原で打ち上げるものというイメージがあるが、横瀬の地は山あいにあり、花火を打ち上げるような河川は広がっていない。なぜ、そんな土地で花火が生まれたのか。

これは、戦国時代に使われた狼煙《のろし》と大きく関係している。横瀬駅の南東、線路の南側には、かつて根古屋城《ねごやじょう》という城があった。ここは二子山の北西の尾根の先端にあたり、横瀬《よこぜ》川《がわ》、生川《うぶかわ》、小島沢川《こじまさわがわ》に囲まれた要害の地で、戦国時代には北条氏の支城の一つとして、空堀や土塁を巡らした強固な城がつくられた。

根古屋城には見張りという重要な役割があり、西側から侵入して来る敵に備え、狼煙を上げて味方に伝達していた。根古屋城から上がった狼煙の合図は、天神山城《てんじんやまじょう》を経て、北条氏の北関東支配の拠点である鉢形城《はちがたじょう》に伝えられた。

狼煙には火薬が必要だが、その原料として欠かせないのが硝石《しょうせき》だ。横瀬は関東でもっとも早くから硝石の生産を始めたとされている。秩父は養蚕《ようさん》が盛んで、硝石の材料となる蚕の糞がよく採れた。また薪をたくさん消費する紺屋《こうや》が何軒もあり、そこから出る大量の灰も硝石の材料となった。横瀬は、火薬の原料を調達しやすい環境にあったのである。

戦国時代真っ只中、狼煙を上げるために硝石の需要が増大し、またより強い火力を出す狼煙をつくるために火薬の技術改良が進んだ。

しかし江戸時代になり戦乱の世が終わると、戦のための狼煙は必要なくなってしまう。すると火薬製作の技術は、「龍勢《りゅうせい》」に引き継がれた。龍勢とは上空二〇〇〜五〇〇メートルほどの高さにまで上昇する打ち上げ花火のことである。花火技術は駿府《すんぷ》など幕府直轄地に広がっていった。そして花火は「横瀬花火」と呼ばれ、江戸の夏を彩る花火へと変化したのである。

秩父市下吉田にある椋神社《むくじんじゃ》では、今でも毎年一〇月の大祭に、白煙を噴出しながら上空五〇〇メートルもの高さに昇る龍勢が奉納される。椋神社の龍勢は、埼玉県の無形民俗文化財に指定されている。打ち上げ花火は、狼煙花火と呼ばれることがあるが、この名称こそ戦の合図のための狼煙が花火のルーツであるという証拠なのだ。

# 拝島が日本有数のだるま生産地となった理由は、蚕にあり！

拝島線　SS 36

拝島《はいじま》
Haijima

拝島駅から南へ徒歩二五分のところに、関東屈指の厄除け大師としても知られる拝島大《はいじまだい》師《し》がある。大晦日から正月にかけては多くの参詣者で賑わい、二日と三日にはだるま市が立つ。この拝島大師のだるま市は、年が明けてから全国でもっとも早くに行なわれるだるま市で、関東で最古、日本で最大級ともいわれている。

かつては二日のみだったが、あまりの人出にいつしか三日にまで延長し、現在に至っている。だるまの露店は、拝島大師の境内のみならず、東西両隣にある昭島《あきしま》市営拝島公園の一帯にも出ており、その数は三〇〇店を超えるという。

ここで売られているだるまは多摩だるま、東京だるまなどと呼ばれる。高崎産の上州《じょうしゅう》だるまに比べると、彫りが深くて背が高い。顔の色は白っぽく、細いヒゲが特徴である。

多摩だるまがつくられているのは、昭島市の周辺地域。幕末や明治の頃は、拝島大師周辺の一〇数カ所の村で多摩だるまがつくられていたが、現在では昭島市の近隣の八軒ほどだけである。家ごとにだるまの形や表情に違いがあり、玄人《くろうと》は見るだけでどこの家のだるまか、見分けがつくという。

そもそもなぜ、ここ拝島が、だるまの生産地となっているのか。だるまづくりは、もともと養蚕農家の副業が始まりである。あたり一帯はかつて養蚕業が盛んな地域だった。

養蚕農家では、毎年正月になると米の粉でつくった団子をこね、蚕の繭に似せた繭玉《まゆだま》をつくる風習がある。それらを樫の枝などにつけて座敷に飾り、繭が多く採れるように祈るのだ。土地の人々は、この繭玉を「メェダマ」と呼び、それにだるまの「目玉」をかけて、買っただるまに片目を書き入れては、たくさん繭が採れるよう願《がん》をかけたのである。

そしていつしかだるまは、蚕の病気除けに効く縁起物として、一帯の農家のあいだに浸透し、庶民にも広がったのである。

だるまは時代を反映するといわれる。かつての売れ筋は、高さ四〇～五〇センチメートルという大型サイズだった。養蚕農家は家のつくりが大きく、それに見合っただるまが求められたからだ。だが現在は一般家庭が増え、家も小さくなったことから、高さ二〇～三〇センチメートルのサイズがよく売れるという。

蚕の無事を願うためのだるまも、養蚕農家が減った今日では、その役割が変わり、商売繁盛や受験の合格祈願、選挙の必勝祈願などに使われている。

新宿線 SS29

ほんかわごえ
本川越
Hon-Kawagoe

# 明治期に川越の住民が鉄道敷設を歓迎しなかった深～い事情

西武鉄道の歴史をひも解いていくと、そのはじまりは一八九五（明治二八）年に川越～国分寺間を開通させた川越鉄道《かわごえてつどう》にたどり着く。

当時、鉄道の経済効果は大きかった。埼玉県内でも明治初期に日本鉄道会社（現・ＪＲ東北線・高崎線）が開通し、浦和《うらわ》や大宮《おおみや》、熊谷《くまがや》、深谷《ふかや》などが東京と直接つながるようになった。しかし、川越は埼玉県西部でもっとも発展していたにもかかわらず、鉄道が通っていなかったため、これらの町に遅れをとっていたのである。

そのような状況だっただけに、川越の人々は鉄道の開通をさぞかし心待ちにしていたことだろうと想像してしまう。ところが、どうやら鉄道をあまり歓迎していなかったようだ。

川越鉄道の申請が行なわれたのは一八九〇（明治二三）年一二月。甲武鉄道《こうぶてつどう》（現・ＪＲ中央線）国分寺駅から分岐し、東村山や所沢を経て川越へ至るルートで、現在の新宿線の東村山～本川越間と国分寺線にあたる。一八九四（明治二七）年に国分寺～久米川間が開業し、翌年川越に達した。

だが、川越にとって悲願だと思われていたはずの川越鉄道の発起人に、川越出身の人は誰もいなかった。ほかの多くの鉄道では、発起人として地元の有力者などがズラリと名を連ねているのに比べると、これは異例である。川越の人が鉄道敷設を喜ぶどころか、かなり消極的だったことが伺える。

では、なぜ川越の人々は、鉄道を歓迎しなかったのか。

それは川越が、新河岸川《しんがしがわ》の舟運で栄えてきた土地だったからだ。新河岸川は、川越の東にある伊佐沼から市内の新河岸を通り、やがて荒川の西岸沿いを流れて東京都板橋区で隅田川へと名称が変わる川だ。

ここでの舟運が始まったのは、江戸時代の初期。一六三九（寛永一六）年に川越城主となった松平信綱《まつだいらのぶつな》が一六四七（正保四）年に新河岸を開設したことがきっかけだった。その後は扇河岸《おうぎがし》や牛子河岸《うしこがし》なども開設された。

新河岸川の舟運は、川越と江戸を結ぶ唯一の交易手段だった。この舟運があったおかげで川越は、周辺の地方から江戸へ、江戸から地方への両方向へ運ばれる物資の集散地となったのである。

川越から江戸へ出荷された物資は、米、麦、醤油、綿実、炭、野菜などの生活用品のほかに、越生《おごせ》や飯能《はんのう》の材木などがあった。さらに青梅《おうめ》産の石灰石も入間《いるま》まで陸運で運ばれたのち、川越から江戸へ運ばれていった。逆に江戸からは砂糖、塩、干鰯《ほしか》、糠《ぬか》、反物《たんもの》、小間物《こまもの》、薬品などが運ばれてきた。

川越商人は、この新河岸川舟運によって潤い、城下町・川越は発展し、約三〇〇年にわたり、現在の埼玉県西部地域における中心的な存在となったのである。

## ライバル出現で廃れた新河岸川舟運

舟運で江戸と各地を結ぶことで繁栄した川越にとって、川越鉄道の敷設は、まさに有難迷惑としかいえなかった。

たしかに交通の便はよくなるだろうが、入間川や飯能などからの物資は、川越を経由せず産地から直接、東京へと運ばれてしまう。川越の商品集散地としての地位が低下し、川越の活気が失われてしまうことは目に見えていた。

事実、先に開通した甲武鉄道によって、東京の北西部の物流は大きく変化しており、新河岸川舟運で運ばれてくる物資が、少なからず減少していた。そこに加えて、所沢や入間川にまで鉄道が敷かれたら、舟運が危機的状況に陥ることは明らかだった。川越の人々が鉄道に諸手を挙げて賛成できなかったのも無理はない。

そして実際、川越鉄道が開業すると、入間川や所沢方面に集散する物資は鉄道による輸

## 新河岸川周辺の敷設鉄道略図

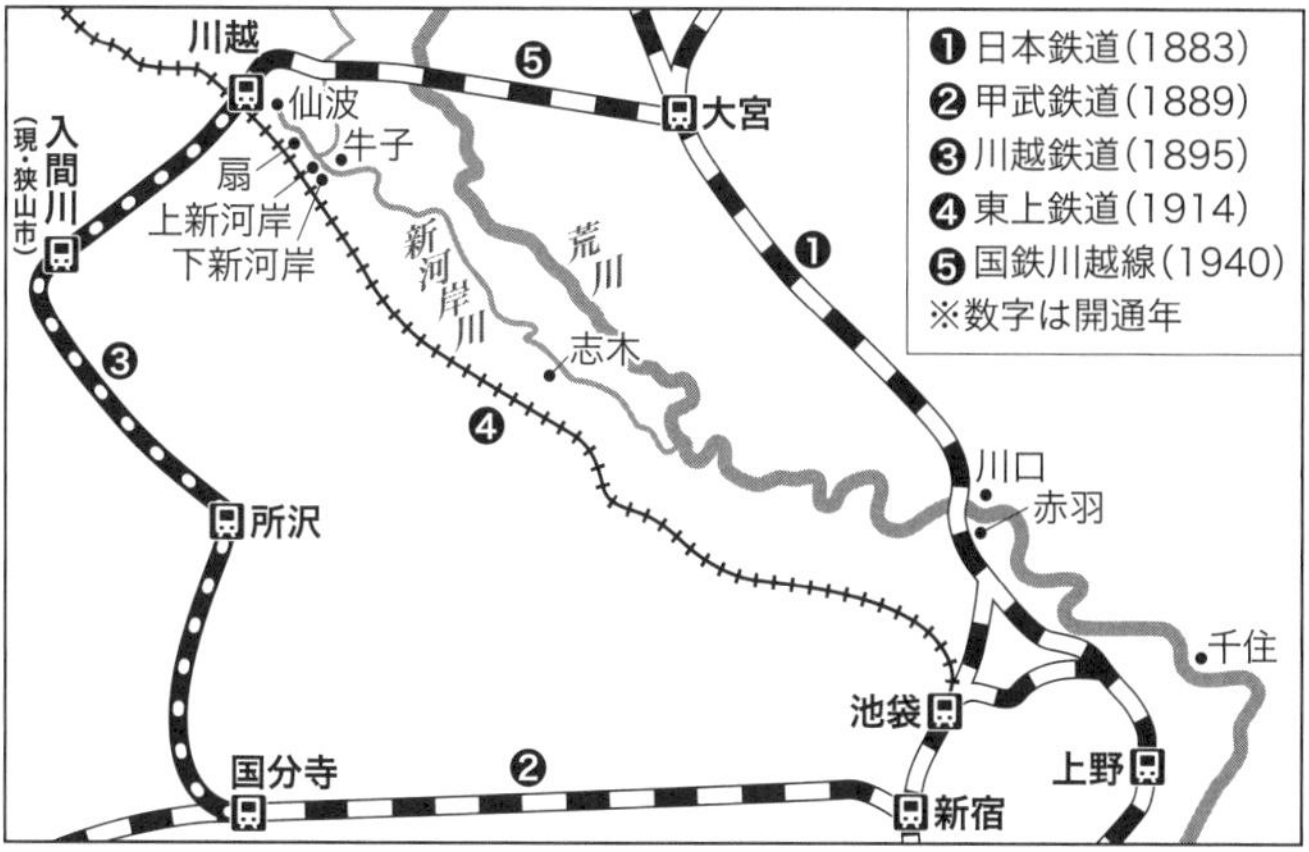


新河岸川舟運によって北関東と江戸を結ぶ物資の集散地として栄えた川越だったが、相次ぐ鉄道の進出によって河岸は衰退。3社の駅をもつ鉄道の街となった。

送へと転移し、東京への人の行き来も鉄道による輸送が主流となっていった。

その後、新河岸川に沿う形で敷設された東上鉄道《とうじょうてつどう》（現・東武東上線《とうぶとうじょうせん》）が、一九一四（大正三）年に開業すると、それが決定打となり、舟運業者は次々と廃業することとなった。この頃には鉄道の優越性が人々に浸透しており、舟運業者のなかには、鉄道会社の株主となって敷設を積極的に推進する者や、鉄道会社へ就職する者なども少なからずいた。

やがて川越は、舟運に代わり、西武のほか、東武、ＪＲの三つの駅が存在する鉄道のジャンクションとして栄えることとなったのである。

SS
29
新宿線
ほんかわごえ
本川越
Hon-Kawagoe

# まちの命運を大きく左右する本川越駅西口新設計画とは？

埼玉県川越市には西武新宿線の本川越《ほんかわごえ》駅があり、その西側には東武鉄道の川越市《かわごえし》駅がある。両駅の直線距離は四〇〇メートルほどだが、本川越駅は東側、つまり川越市駅方面とは逆の位置にしか出口がないため、乗り換え客は本川越駅をぐるりと回って、川越市駅へ向かわなければならない。その距離は八〇〇メートル以上にも及び、歩くと約一〇分もかかる。直線距離を歩けば約五分で着くところを、二倍の時間を要しているわけだ。

この回り道の負担を強いられているのは、乗り換え客だけではない。本川越駅周辺の住民が川越市駅から東武鉄道に乗車する場合も同じである。

もう少し乗降客の利便性を考えてもらえないだろうか……。こうした意見を数多く受けてきた川越市は改善策を立案、本川越駅から川越市駅までの所要時間を短縮できるように動いた。具体的には、本川越駅に西口を設けるほか、本川越駅と川越市駅を分断していた住宅地に二車線の道路を通し、徒歩だけでなく車でも直線距離で移動できるようにするというものだ。用地買収から工事を経て、本川越駅に新たに西口が完成し、二〇一六年二月に供用が開始された。これまで歩いて約八〇〇メートルだったのがほぼ直線の約四〇〇メートルとなり、乗り換え所用時間は約一一分から半分の約五分となった。長らく回り道を強いられてきた川越市民にとっては、大きな負担軽減となる。では、今回の事業で川越の街はどのように変わるのだろうか。

先に述べたとおり、乗り換え駅として利用する人や、反対側の駅周辺へ買い物に行く住民にとっては、移動時間が半分になるので便利になる。

一方、もともと本川越の駅の出口に位置していた東口近くの商店にしてみれば、人の流れが少なくなり、不利益をこうむる可能性がある。しかし川越市によれば、市側の熱心な説得によって、東口の人々を含め全員が納得したことから、この事業を推進したのだという。

川越市が整備するのはロータリーや道路だけで、まちづくりには関与しない。二車線道路の両脇の住宅地は民間の用地で、そこに商店を出したりビルを建てたりして賑わいを創出するのは、地権者の意向次第というわけだ。

本川越駅と川越市駅のあいだは、半日で九〇〇〇人の往来が見込めるほどの場所。そのため消費需要は高く、沿道はにぎやかな商店街になる可能性が高い。変わりゆく川越の姿は大きな注目を集めている。

# 石神井公園の池はその昔 でっかいプールだった

池袋線
SI 10
しゃくじいこうえん
石神井公園
Shakujii-kōen

練馬区の石神井公園《しゃくじいこうえん》は、池袋線沿線でも指折りの憩いの場。野球場やテニスコート、子ども向けのアスレチック広場が設置され、レストランも併設されている。さらに石神井池ではボートや釣りが楽しめる。まさに都会のオアシスといえる。

この石神井公園に、かつて一〇〇メートルプールが存在した。今ではすっかり忘れ去られているが、それは日本初の一〇〇メートルプールだった。

場所は、現在の三宝寺池《さんぼうじいけ》があるところ。三宝寺池は井《い》の頭池《かしらいけ》、善福寺池《ぜんぷくじいけ》と並ぶ武蔵野三大湧水池で、昭和三〇年代頃までは真冬でも凍らないことで知られていた。現在は水辺観察園があり、木道の上を歩いて湿地帯のなかを通ることができる。

水辺観察園が完成したのは一九八九（平成元）年で、それ以前は釣り堀として使われていた。さらにその前にあったのが、一〇〇メートルプールなのである。三宝寺池の一部を切り離してつくられていた。

1932（昭和7）年頃に撮影された石神井水泳場での水泳競技会のようす。ここからオリンピック選手たちが多数輩出された。（練馬区石神井公園ふるさと文化館提供）

## 泥水プールで練習していたオリンピック選手たち

プールができたのは、一九一八（大正七）年のこと。東京府に土地を提供してつくられた府営プールで、「石神井《しゃくじい》水泳場《すいえいじょう》」と名づけられた。東西一〇〇メートル、南北二〇〜三〇メートルでやや屈曲しており、深さは中央部で一メートル、壁際で約一・五メートルだった。

この一〇〇メートルプールがつくられたのは、オリンピック選手の育成のためだった。当時は競泳用プールなどなく、オリンピックを目指す選手でさえ海や川で練習していた。そんな状況を見るに見かねた当時の東京市の担当者が、三宝寺池の湧き水を利用してプールをつくってほしいと、石神井村の村長へ要請したのである。

この要請を快諾した村長は、東京府の援助を受けて一〇〇メートルプールを建設した。しかしプールは、若干の盛土工事をしただけで、周りは板囲い、底は土と砂利のままという簡素なものだった。当然、すぐ泥水になるし、水は冷たい。現在の水泳施設とは比べものにならない、あまりに貧相なプールだった。それでも日本初の一〇〇メートルプールとあって大きな評判になり、連日おおいに賑わったといわれる。

オリンピックを目指す選手たちは、石神井公園に隣接する真言宗寺院・禅定院《ぜんじょういん》を合宿所とし、このプールで猛練習を実施。彼らは世間から「石神井《しゃくじい》遊泳団《ゆうえいだん》」と呼ばれ、そのなかには一九三二（昭和七）年のロサンゼルスオリンピックに出場して金メダルを獲得した清《きよ》川正二《かわまさじ》や鶴田義行《つるたよしゆき》、日本水泳連盟会長などを務めた高石勝男《たかいしかつお》などの名選手がいる。

一九二三（大正一二）年の関東大震災で一〇〇メートルプールは被災してしまったが、翌年にはコンクリート製のプールとして生まれ変わり、一九三九（昭和一四）年まで利用された。釣り堀を経て水辺観察園となった今では、一〇〇メートルプールの面影は残っていないが、ここが日本水泳の黎明期を支えたのである。

# 第五章

# 驚きのルーツがそこにある駅名・地名の由来

# 東京の西側に位置する西武沿線に東がつく駅が多いという奇妙な話

新宿線
池袋線
拝島線

改めて西武鉄道の路線図を眺めると意外な事実に気づかされる。西武鉄道はおもに東京西部に路線を展開しているにもかかわらず、東伏見《ひがしふしみ》駅、東久留米《ひがしくるめ》駅、東村山《ひがしむらやま》駅、東大和市《ひがしやまと》駅と、「東」のついた駅が多いのだ。しかも、「東」に対する「西」のついた駅は見当たらない。東京の西部を走っているなら、「西」の駅があってもよさそうなものだ。

この謎を明らかにするため、まず新宿線の東伏見駅の歴史から辿ってみよう。

西東京市にある東伏見駅は、一九二七（昭和二）年の開業時は上保谷《かみほうや》駅という駅名だった。当時、この地が保谷村（現・西東京市）だったからである。上保谷駅から東伏見駅に改称したのは一九二九（昭和四）年のことである。

昭和初期の東京は、金融恐慌による大不況や共産党員の大量検挙など、世情が動揺していた。そうしたなか、関東には国体を護持する守護神がいないからだという声が上がり、西の本家・京都の伏見稲荷大社《ふしみいなりたいしゃ》からご神体を勧請《かんじょう》することになった。西武鉄道も伏見稲荷の招致に熱心で、ご神体を迎える際には特別列車まで用意している。

上保谷駅から歩いて一〇分ほどのところに、ご神体を納める東伏見稲荷神社が創建された。この神社名は、本家の伏見稲荷大社と区別するためにつけたものだ。それと併せて上保谷駅も東伏見駅に変更したのである。

## 同名の駅名を避けるために

池袋線にある東久留米駅は、一九一五（大正四）年の武蔵野鉄道（現・西武池袋線）開通と同時にできた駅である。当時は所在地が久留米村（現・東久留米市）だったことから、久留米駅になるはずだった。しかし、久留米駅は福岡県にすでに存在していたため、久留米駅より東にある駅ということで、東久留米駅と名づけられたのである。

ちなみに、久留米村もまた同じ理由で東久留米市になっている。同村は一九五六（昭和三一）年に久留米町となっていたが、一九七〇（昭和四五）年の市制施行の際、名称を久留米市にしようと考えていた。しかし、福岡県に久留米市があったことから採用されず、長年親しまれてきた駅名にちなんで東久留米市としたのだ。所在地の名前よりも駅名が先という珍しいケースである。

新宿線の東村山駅の場合はどうだろうか。

一八九四（明治二七）年の開業であるこちらは、東村山村（現・東村山市）にあったことからついた駅名で、武蔵国の武士団・武蔵七党《むさししちとう》の一つである村山党《むらやまとう》に由来する。村山党の勢力地は村山郷と呼ばれ、その東部に位置することから東村山の名がついた。

最後に、拝島線の東大和市駅を見てみよう。かつては青梅橋《おうめばし》駅といったが、一九七〇（昭和四五）年に大和町が東大和市となったのをきっかけとしてのちに現在の駅名に変更されている。市名に「東」を冠したのは、神奈川県にすでに大和市が存在していたからだが、西に対する東ではなく、神奈川県の大和に対する「東京都の大和」の意味である。

当初、西武鉄道は東大和市ができたからといって、長年使っていた青梅橋駅という名称を変更するつもりはなかった。しかし、多摩には青梅街道《おうめかいどう》駅などほかにも青梅の名がつく駅が四つもあり、間違えて降りる人も少なくなかった。また、駅の利用者の大半が東大和市の市民で、駅は市の玄関口となっていたことから、当時の東大和市長が西武鉄道に対して「東大和」とつく駅名への変更を強く依頼したのだ。

大和がつく駅名は全国にいくつもあるため、西武鉄道は駅名変更をためらったが、市長が「市」のついた駅名にすることを提案し、最終的に東大和市駅で落ち着き、一九七九（昭和五四）年に改称されたのである。

こうして見ると、西武鉄道に「東」のついた駅が多い理由は、一つでないことがわかる。それぞれ異なる理由で「東」がつき、それが偶然多く集まった結果なのである。

## 西武沿線のおもな「東」駅名

**SS 32 東大和市**

1950年(昭和25)年、青梅橋駅として開業。青梅と間違えて降りる人が多かったことから、市名を駅名とした。東がつくのは神奈川県大和市と混同を避け、東京の東をつけたため。

**SI 14 東久留米**

1915(大正4)年、武蔵野鉄道開通とともに開業。北九州にはすでに久留米駅があったため、東にある駅として東久留米となった。

**SI 03 東長崎**

1915(大正4)年、武蔵野鉄道開通とともに開業。長崎県にある長崎駅との混同を避けるために「東」をつけた。

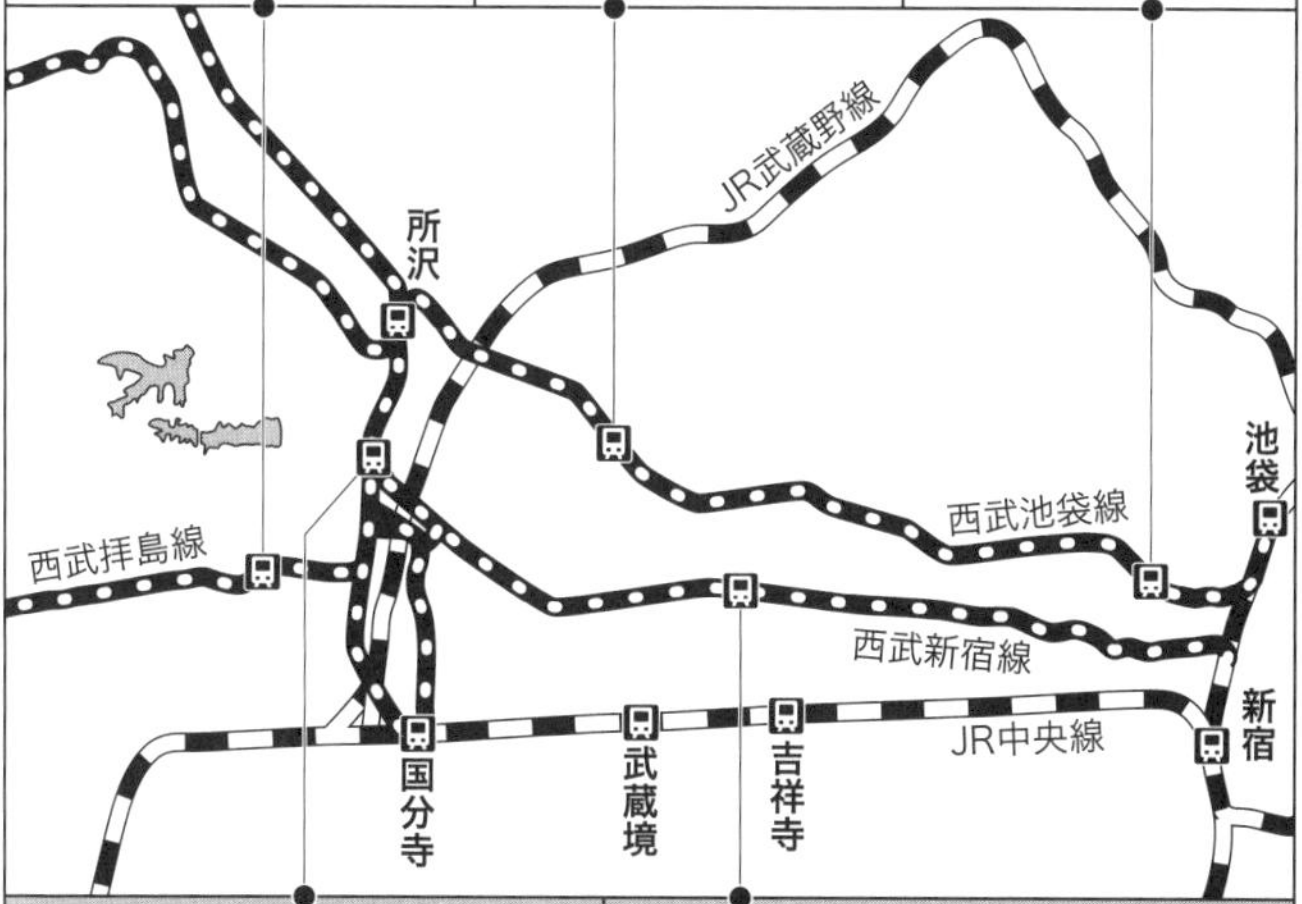


**SS 21 SK 05 東村山**

1894(明治27)年に川越鉄道の駅として開業。駅名は市名による。平安後期に台頭した武士団・村山党の勢力圏の東側にあたることから、東村山の地名が生まれた。

**SS 15 東伏見**

1927(昭和2)年、上保谷駅として開業。1929(昭和4)年に京都の伏見稲荷大社の分霊を勧請した東伏見稲荷大社ができたことから、東伏見となった。西の本家と区別するため、東がつけられた。

西武沿線は、首都圏の西側に展開しているのにもかかわらず、いろいろな理由から、「東」を冠した駅名が多い。

# 「家政」も「東京都」も関係ないのに、なぜ「都立家政」という駅名なのか？

新宿線 SS 08

とりつかせい
都立家政
Toritsu-Kasei

東急東横線《とうきゅうとうよこ》の都立大学《とりつだいがく》駅の近隣には東京都立大学（現・首都大学東京）はなく、学芸大《がくげいだい》学《がく》駅の付近にも東京学芸大学はない。どちらも以前は最寄りにあったが移転してしまい、現在では駅名に当時の名残をとどめるだけになっている。

西武新宿線にも、これと似たような駅がある。都立家政《とりつかせい》駅である。

都立家政という駅名から、「家政」と名のつく都立の施設が存在するのではないかと想像してしまうが、駅周辺にそれらしき施設は見当たらない。似た名前に東京家政大学《とうきょうかせいだいがく》があるが、同大学は私立大学であるうえに、最寄り駅はJR埼京線《さいきょうせん》の板橋《いたばし》駅である。

では、都立家政はいったい何に由来する名前なのか。じつは、駅南口から徒歩三分のところにある都立鷺宮《さぎのみや》高校である。

鷺宮高校は、一九一二（明治四五）年に豊多摩郡立農業学校《とよたまぐんりつのうぎょうがっこう》（現・都立農芸高校《とりつのうげいこうこう》）附設《ふせつ》実業女学校《じつぎょうじょがっこう》として、中野《なかの》駅の南口近くに開校した。その後、良妻賢母《りょうさいけんぼ》をモットーとする校風が評判を呼び志望者が急増するなか、一九二三（大正一二）の郡制廃止によって東京府の管轄となり、校名も「東京府立中野実業女学校《とうきょうふりつなかのじつぎょうじょがっこう》」に変わり、その三年後に「東京府立中《とうきょうふりつなか》野家政女学校《のかせいじょがっこう》」へと改称した。

一九三七（昭和一二）年には、手狭になった旧校舎から現在地へと移転したが、当時の駅周辺は人家のまばらな寂しい場所で、交通の便も悪かった。そこで東京府は旧西武鉄道に対し、学校近くに駅を新設してほしいと依頼した。同社は当初、難色を示したが、最終的には東京府の意向を汲み、一九三七年一二月に「府立家政《ふりつかせい》」駅を開業したのである。その後、一九四三（昭和一八）年に東京府が都制に移行し、学校名が東京都立中野高等家政女学校と改称すると、駅名も現在と同じ「都立家政」駅に変更された。

ここまでは駅名と学校名が一致していたのだが、戦後になって状況が変わる。

一九五〇（昭和二五）年、東京都立中野高等家政女学校は新制高校となり、東京都立鷺宮高校となった。このとき、学校名の変更に合わせて駅名も変えようという意見が出たが、地元にはすでに家政銀座商店街という名の商店街ができており、「今さら駅名を変えられては困る」と反対の声が多く上がった。そのため駅名の改称はせず、都立家政駅のままで通すことにしたのである。

この経緯は、冒頭に挙げた東急の都立大学駅や学芸大学駅でも同様である。名前をコロコロ変えられるよりも、慣れ親しんだままがよいと思う人のほうが多いのだろう。

# 大泉学園駅といいながら大泉学園がないってどういうこと？

池袋線 SI 11
おおいずみがくえん
大泉学園
Ōizumi-gakuen

池袋線の大泉学園《おおいずみがくえん》駅周辺は、高級住宅街として知られている。池袋から普通列車で二〇分程度、準急なら一五分もあれば到着する。都心近郊に位置していながら、緑が多い場所として人気が高い。最近の再開発によって、駅ナカ商業施設や新商業施設「グランエミオ大泉学園」が完成。従来の高級感に加えて利便性が増し、さらなる発展が期待されている。

そんな大泉学園駅だが、この名前から、駅周辺のどこかに学校施設があるものと思い込んでいる人もいるようだ。

ところが、地図を見ても小中学校がいくつかあるだけで、大学や研究所といったいわゆる「学園都市」のような施設はない。東急東横線の都立大学駅や学芸大学駅のように、大学が移転してしまって駅名だけが残ったというわけでもない。いったいなぜ、このような駅名がついたのだろうか。

歴史を遡ると、大泉学園駅が開業したのは一九二四（大正一三）年のこと。当時の駅名は東大泉駅《ひがしおおいずみ》だった。開業の背景にはのちに西武鉄道の社長となる、堤康次郎《つつみやすじろう》が創業した、箱根《はこね》土地《とち》株式会社《かぶしきがいしゃ》による都市開発事業があった。

　大正時代末期からドイツのような学園都市の建設を企図していた箱根土地株式会社は、神田区一ツ橋通町（現・千代田区）にあった東京商科《とうきょうしょうか》大学《だいがく》（現・一橋《ひとつばし》大学《だいがく》）の、大泉村への誘致を計画。当時はまだ畑や雑木林ばかりだった大泉村の土地を買収し、区画整理を行なった。上下水道・電灯完備、緑豊かな公園と商店街が整備されたモダンな街並みになるといった触れ込みで一帯を売りに出したのだが、この分譲前に開設したのが東大泉駅だった。その後、東京商科大学が来ることを見込んで一九三三（昭和八）年には東大泉駅の名称を大泉学園駅と変えている。

　しかし、箱根土地株式会社の目論みが成就することはなかった。東京商科大学は大泉学園ではなく、北多摩郡谷保《やぼ》村に移転してしまったからである。

　結果、大泉学園は名ばかりの学園都市となってしまい、当時は宅地の売れ行きもあまり芳しくなかったという。それでも地名から学園の二文字は外さず、駅名も大泉学園駅のまま今日に至る。とはいえ、箱根土地株式会社は転んでもタダでは起きなかった。東京商科大学の移転先である北多摩郡谷保村を整備して大泉学園と同じ手法で売り出し、現在の国立市の基礎を築いたのである。このあたりに、堤康次郎の非凡さがうかがえる。

# 「下井草」と「上井草」の名前は、京都からの距離で決められていた⁉

新宿線 SS10 SS12

しもいぐさ
下井草
Shimo-Igusa

かみいぐさ
上井草
Kami-Igusa

新宿線を利用している人なら、下井草《しもいぐさ》駅と上井草《かみいぐさ》駅の並びを不思議に感じたことはないだろうか。間に井荻《いおぎ》駅を挟んで、都心に近いほうに下井草駅、遠いほうに上井草駅があるという事実だ。

一般的に、都心に向かう列車を「上り列車」、都心から各地に走る列車を「下り列車」と呼ぶ。そのことを考えれば、都心に近いほうを「上」、遠いほうを「下」にしたほうが、しっくりくるように思えるが、このような駅の並び順はどうして生じたのか。

その謎を解く鍵は、地名の由来にある。

一帯は緑が多く、閑静な住宅地が広がっているが、おおよそ線路の北側が「井草」で、線路の南側がそれぞれの駅名と同じ「下井草」「上井草」である。駅名は、この地名に倣《なら》ってつけられているのだ。

もともと周辺は、「井草村《いぐさむら》」という一つの村だった。水が豊富で、湿地に植物のイグサが生い茂っていたためとも、井口長左衛門《いぐちちょうざえもん》という人物が、この地の開拓者という意味で

「草分け長左衛門」と呼ばれたことから、井口姓の「井」と草分けの「草」で「井草」となったとも伝えられている。

それまで一つの村だった井草村が分かれたのは江戸時代初期。近隣の寺院に伝わる文書には、一六四九（慶安《けいあん》二）年の時点ですでに上井草と下井草に分かれていたことが記されている。その頃一帯を支配していた今川氏《いまがわし》（今川義元《いまがわよしもと》の家系）が、便宜的に分割したのだろうと考えられるが、詳しい経緯は伝わっていない。

では、この地を治めていた今川氏は、何をもって上井草と下井草に分けたのか。

一説によると、京都に近いほうが「上」で、その逆が「下」という当時の考え方によるとされている。江戸時代、徳川幕府が全国を支配したものの、朝廷のある都となれば、それは京都にほかならない。京阪神は「上方《かみがた》」と呼ばれ、京阪神から関東に来る産物は「下《くだ》り物《もの》」として高値で取引されていた。また、東海道や中山道を行き来する人は、「京に上る」あるいは「江戸に下る」と使っていた。つまり、京都に近いほうが上、遠いほうが下と見なしていたのである。

このような「上」「下」のついた地名は、周辺のほかの場所でも見られる。杉並区《すぎなみく》の荻窪《おぎくぼ》は「上荻窪《かみおぎくぼ》」「下荻窪《しもおぎくぼ》」に、練馬区の石神井は「上石神井《かみしゃくじい》」「下石神井《しもしゃくじい》」に分かれており、どちらも京都に近い西側に「上」がつき、東側に「下」がついている。

# 練馬高野台を「こうや」ではなく「たかの」と読む不思議

池袋線 SI 09

ねりまたかのだい
練馬高野台
Nerima-Takanodai

練馬高野台《ねりまたかのだい》駅は、池袋線でもっとも新しい駅で、一九九四（平成六）年に開業した。同駅が設置された場所は、地域の幹線道路である笹目通《ささめどお》りの脇にあたり、駅設置前から踏切による渋滞が課題となっていた。この問題を解消するために、一九九二（平成四）年から、富士見台《ふじみだい》駅と石神井公園《しゃくじいこうえん》駅の間の高架化工事が行なわれていた。また、両駅間の距離が長かったことから、この機会に新駅が設置されたのである。

周辺住民や練馬区からの要望で実現した請願駅だったことから、駅舎の建設費約二六億円は練馬区が負担した。当時最新の駅だっただけに、エレベーターやエスカレーターの設置はもちろん、多機能トイレなど、バリアフリーの行き届いた駅舎が完成した。

この新駅の駅名は、計画の段階では「東石神井《ひがししゃくじい》」となる予定だった。しかし区民からのリクエストによって誕生した駅であることから、住民参加による駅づくりの方針が取られ、駅名についても区民から公募することとなった。その結果、駅の所在地である高野台《たかのだい》が選ばれたのである。練馬を頭につけたのは、国分寺線の鷹《たか》の台《だい》駅と音を区別するためだ。

駅名の由来となった高野台という町名は、駅から徒歩五分の場所にある長命寺《ちょうめいじ》の山号からとられた。

長命寺は北条早雲《ほうじょうそううん》の玄孫に当たる増島勘解由重明《ますじまかげゆしげあき》によって開かれた寺で、紀州《きしゅう》（現・和歌山県）にある高野山《こうやさん》を模したことから、東高野山《ひがしこうやさん》あるいは新高野《しんこうや》などと呼ばれた。

長命寺は、天保時代に発行された地誌『江戸名所図会《えどめいしょずえ》』のなかでも、境内にある万灯堂《まんどうとう》や御廟橋《ごびょうのばし》などが紹介されており、人々から注目を集めていたようだ。紀州の高野山は女《にょ》人禁制《にんきんせい》であったのに対し、長命寺は万人に開かれていたことも、庶民から慕われた所以だ。

だが、ここで一つの疑問が浮かぶ。高野山にちなんでいるこの山号「東高野山」の読みは「ひがしこうやさん」である。それなのにどうして町名では「こうや」と読まずに「たかの」と訓読みしているのか。結論からいえば、音読みしたくてもできなかったのだ。

高野台は、以前は谷原《やわら》町と呼ばれており、住居表示が変更されたのは一九六五（昭和四〇）年のことである。変更の際、東高野山にちなんで「高野台」としたが、当時足立区に「こうや」と読む高野町があった。住居表示では、同一あるいは類似した町名はできるだけ避ける決まりとなっていたことから、練馬区のほうを「たかのだい」としたのである。

足立区高野町はその九年後に住居表示が変わり、西新井《にしあらい》となったが、練馬区の町名は現在でも「たかのだい」のままになっているというわけだ。

# 田無の由来は、ほんとうに田が無かったから!?

新宿線 SS 17

たなし
田無
Tanashi

西武新宿駅から新宿線の急行で二〇分の場所に田無《たなし》駅がある。駅周辺は、江戸時代に青梅街道と所沢街道《ところざわかいどう》の交差する宿場町として栄えた歴史がある。

戦後は都心へのアクセスのよさが注目を浴び、都心郊外の住宅地として発展した。そして一九九五（平成七）年の駅北口の再開発によって、大型スーパーなどのテナントが揃う大規模商業施設が誕生し、駅周辺はさらに開けた。

田無はかつて、市としては全国で四番目に小さい田無市という自治体だった。それが二〇〇一（平成一三）年になって保谷市と合併した。新しい自治体名は西東京《にしとうきょう》市となり、田無の名は、駅名や町名に残るのみとなった。

田無という名が使われるようになったのは意外にも古く、一五五九（永禄《えいろく》二）年に記された分限帳《ぶげんちょう》『小田原衆所領役帳《おだわらしゅうしょりょうやくちょう》』にその名が見られる。

名前の由来として一般的に伝わっているのは、田無は水はけのよい武蔵野台地の上にあることから、「水田をつくることができない」つまり「田が無し」だったという説だ。実

際、江戸時代に青梅街道沿いのこの周辺に移り住んだ人々は、少ない水でも育てることができる麦や粟《あわ》などをつくっていた。明治から大正にかけては、水はけのよい土地で桑が育つことから、養蚕《ようさん》が盛んになった。

うなずける説ではあるが、いくら水はけがよい土地だからといって、一六世紀という時代に田が無かったというのは考えにくく、由来の信憑性には疑問の声もある。

では、ほかの説はどうだろうか。

たとえば、田が無い説とは反対に「田を成す」「田をならす」が「たなし」に変化した、いわゆる「田が有った」説も存在する。

また、水源が階段状の「棚瀬《たなせ》」になっていたために「たなし」に変化したという説。さらに、この地では年貢《ねんぐ》の取り立てがとくに厳しく、種籾《たねもみ》すらも無くなるほどであったことから「種なし」の村と呼ばれたことが由来となったという説もある。しかし、どの説も根拠に乏しく、決定打は見つかっていない。

文字通り田が無かったのか、それともじつはあったのか……。住宅地が広がる現在の田無からは、かつてどんな様子であったか、読み取ることはできない。

# 花小金井の「花」は、江戸時代から誇る桜が由来！

新宿線　SS 18

はなこがねい
花小金井
Hana-Koganei

東京には、「小金井《こがねい》」という名のつく駅がいくつか存在する。ＪＲ中央線の武蔵小金井《むさしこがねい》駅と東小金井《ひがしこがねい》駅、西武多摩川線の新小金井《しんこがねい》駅、そして西武新宿駅の花小金井《はなこがねい》駅だ。これらは、駅が立地する地名の「小金井」に由来する。

このうち花小金井駅の駅名だけが、ほかと少し異なることに気づくだろう。同駅名を避ける場合、方角の「東西南北」や頭に「新」をつけるのが一般的であるが、この駅の頭についているのは「花」である。無論、町名が由来ではない。現在、駅周辺は花小金井という町名だが、それは駅を開設したあとにつけられたものだ。

この駅名にある「花」とは桜のことである。駅近くの玉川上水・小金井堤には桜並木が約二キロメートルにわたって続いており、毎年春になると多くの花見客で賑わう。

桜が植えられたのは江戸時代のこと。一八世紀前半に行なわれた新田開発の一環として桜が植樹されたのである。

当時、このあたりは開墾されたばかりの新田で、人もまばらだった。そこで幕府によっ

浮世絵師歌川広重によって描かれた「小金井橋夕照」（「江戸近郊八景」収録）。
1838（天保９）年頃の作。小金井堤の桜は江戸の名所となり多くの行楽客を呼んだ。

て新田世話役に任命された府中押立村《ふちゅうおしたて》の名《な》主《ぬし》・川崎平右衛門《かわさきへいえもん》が、新田の賑わいのために桜の植樹に乗り出したのだ。また植樹によって労働需要を確保することも考えられた。

ただ、平右衛門はその先の見通しをもっていたようだ。

桜を植えればやがて根が張り、堤が崩れにくくなる、また夏の暑い日には街道の木陰になるだろう。そして何よりも春には満開の花が人々を魅了し、行楽客がさらに堤を踏み固めてくれる。

平右衛門の抱いた希望は約五〇年後に現実のものとなった。人のいない不毛の原野だったこの地に大勢の人々がやってきて、この地は活気に満ちるようになった。

## 花見客を誘致するために駅を開設

玉川上水の小金井堤は、江戸の中心地・日本橋から三〇キロメートル近く離れていたが、一八世紀の終わり頃になると、多くの人々が一泊二日の日程を組んで花見に押し寄せた。そして、せっかく遠出してきたのだからと、おおいに羽目を外して楽しんだという。大久保狭南が描いた『武埜八景《ぶやはっけい》』には、この地が多くの江戸の人々を呼び寄せたという記述がある。

開花時期の異なるさまざまな種類の桜が植えられていたため、花見を長く楽しめる点も人気の理由だった。こうして小金井堤は関東一の桜の名所として知られるようになったのである。

やがて江戸時代が終わり、鉄道が開通すると、人々は汽車に乗って行楽地へ出かけるようになる。一九二四(大正一三)年には、国鉄(現・JR)が中央線に武蔵小金井仮乗降場をつくって花見客を誘致。翌年には正式な停車場とした。旧西武鉄道もまた、一九二七(昭和二)年に花見客を見込んで小金井に花小金井駅を開設した。

現在、小金井堤の桜は国指定の名勝となっている。江戸以来の桜並木はじつに見事。春がきたら、花小金井駅で下車して足を延ばしてみてほしい。

多摩川線 SW 03

多磨《たま》
Tama

# 京王の多磨霊園駅より、西武の多磨駅が多磨霊園に近いのはどうして？

東京の霊園・墓地といえば、多磨霊園《たまれいえん》を思い浮かべる人が多いだろう。一九二三（大正一二）年に開園した日本初の公園墓地で、一三三ヘクタールもの広大な敷地に東郷平八郎《とうごうへいはちろう》や与謝野鉄幹《よさのてっかん》・晶子《あきこ》夫妻、江戸川乱歩《えどがわらんぽ》、吉川英治《よしかわえいじ》といった著名人が数多く眠っている。

この多磨霊園をはじめて訪れる人なら、京王電鉄《けいおうでんてつ》の多磨霊園駅が最寄り駅だと思うかもしれない。しかし、じつは違う。多磨霊園駅から多磨霊園までは徒歩二〇分強とかなり遠く、駅から路線バスを利用するのが一般的だ。いっぽう、西武鉄道の多摩川線・多磨駅からだと、五分ほど歩けばたどり着く。つまり多磨霊園の最寄り駅は、多磨霊園の名を冠している京王電鉄の多磨霊園駅ではなく、多摩川線の多磨駅ということになる。

なぜ、このような紛らわしい状況になったのか。

そもそも京王電鉄の多磨霊園駅は、一九一六（大正五）年の開業時は、当時の村名である多磨村の名をとり「多磨」駅だった。そして一九二三年に東京市営多磨墓地（当時の名称）ができると、一九三二年（昭和七）に「市公園墓地前《しこうえんぼちまえ》」へと改称。さらに一九三五

（昭和一〇）年、多磨墓地が多磨霊園に改称し、その二年後に市公園墓地前駅も「多磨霊園」駅となった。

これに対し、多摩川線の前身である多摩鉄道の多磨駅が開業したのは一九二九（昭和四）年で、多磨霊園が開園したあとだった。当時この駅は「多磨墓地前」と称していた。

京王電鉄の駅は、多磨霊園より先に開業していたが、多摩川線の駅は多磨霊園の開園後、その訪問客を狙ってつくったのである。これならば、京王電鉄の駅より西武鉄道の駅のほうが、霊園からの距離が近い位置にあっても不思議ではない。

## イメージを重視した西武鉄道

多磨霊園からの距離の疑問は解決したが、駅名の問題はどうか。

京王は多磨霊園が改称するたびに駅名を変更したが、西武鉄道は開業当時の多磨墓地前駅という駅名を使い続けていた。それを改称したのは二〇〇一（平成一三）年のことで、このときに現在の多磨駅へと変更した。

多磨墓地前という駅名は、墓参の客に非常にわかりやすく好評だったが、周辺の宅地化が進み、ベッドタウンの様相を呈してくると、駅名に「墓地」という言葉が入っていてはイメージダウンにつながるとの意見が出るようになった。また、東京外国語大学のキャン

## 多磨霊園周辺施設名変遷

| 墓地名 | 西武鉄道駅名 | 京王電鉄駅名 |
| --- | --- | --- |
| | | 多磨駅 開業 (1916) |
| 東京市営多磨墓地開園 (1923) | | |
| | 多磨墓地前駅開業 (1929) | |
| | | 市公園墓地前駅へ改称 (1932) |
| 多磨霊園へ改称 (1935) | | |
| | | 多磨霊園駅へ改称 (1937) |
| | 多磨駅 へ改称 (2001) | |

両駅が開業した当初は、現在と駅名が逆で、京王線が多磨駅、西武線が多磨墓地前駅になっていた。

パスが駅の東側に移転し、街の雰囲気もずいぶん変わった。そこで西武鉄道は、駅名から「墓地前」をはずし、現在の多磨駅に改称したのである。

多磨墓地前駅のままなら、多磨霊園の最寄り駅として混乱することもないが、イメージ重視で「墓地前」を外したために、そこに京王線の多磨霊園駅の存在があいまって、ややこしい状況を生んでいるのだ。

なお、多磨駅への改称に伴い、隣の北多磨駅も白糸台《しらいとだい》駅に改称している。その理由は、北多磨駅が多磨墓地前駅の南に位置していたからだ。多磨墓地前駅が多磨駅となったことによって、北多磨駅と位置があべこべとなり、紛らわしいとの理由で変更したのである。

# ロマンティック駅名「恋ヶ窪」に隠された男女の悲恋物語

国分寺線　SK 02

こいがくぼ
恋ヶ窪
Koigakubo

「恋」という字がつく駅は、日本広しといえどもわずか四駅しかない。JR北海道の母恋《ぼこい》駅、三陸鉄道《さんりくてつどう》の恋《こい》し浜《はま》駅、智頭急行《ちずきゅうこう》の恋山形《こいやまがた》駅、そして西武鉄道国分寺線の恋ヶ窪《こいがくぼ》駅だ。

この四駅をもつ鉄道会社は「恋駅プロジェクト」を立ち上げ、「日本に四つ　恋の駅きっぷ」を発売するなど、恋をモチーフにしたプロジェクトを展開している（二〇一六年時点）。

西武鉄道は恋ヶ窪駅で働く「恋ヶ窪ジュン」というイケメンのイラストキャラをつくり、各種広報などに活用している。また、若手社員主導で「西武鉄道♥恋まち」プロジェクトを実施。恋ヶ窪の駅前広場で「恋まちフェスタ」を開催したり、つり革をハート型にするなどして沿線を盛り上げようとしている。

にわかに注目を集めはじめた恋ヶ窪駅だが、この駅名をはじめて聞いた人は名称の由来が気になるにちがいない。

直接の由来は、国分寺線の北西に沿った一帯の地名、恋ヶ窪にある。ではなぜ、そのような変わった地名がついたのか。一説には、鎌倉時代の男女に起こった悲しいストーリー

# 全国に四つある「恋」駅

### JR北海道　母恋駅
1935(昭和10)年に開設。母恋(ボコイ)という地名は、アイヌ語の「ホッキ貝がたくさんある場所(ポクセイ・オ・イ)」が由来。駅ではホッキ貝をふんだんに使った駅弁「母恋めし」が販売されている。

### 三陸鉄道　恋し浜駅
1985(昭和60)年に開設。もともと小石浜という駅名だったが、小石浜のホタテブランド「恋し浜」にちなんで2009(平成21)年に改称した。待合室にはホタテの絵馬がある。

### 智頭急行　恋山形駅
1994(平成6)年に開設。当初は「因幡山形」という駅名の予定だったが、住民の強い要望により、「人よ来い」の意味とかけた恋山形となった。ピンク一色でハートのデザインがあしらわれたユニークな外観の駅舎となっている。

### 西武鉄道　恋ヶ窪駅
1955(昭和30)年に開設。恋ヶ窪は、武将・畠山重忠と遊女・夙妻太夫の悲恋物語が由来とされている。夙妻は、重忠が西海で討死した、という虚言を信じ、あとを追おうと池に身を投じてしまった。

「恋」の字を冠する駅は、西武国分寺線の恋ヶ窪駅を含めて、全国に四つしかない。現在はこの四つの駅を持つ鉄道四社が連携して「恋駅プロジェクト」を進めている。

に由来するといわれている。

## 鎌倉武士と遊女の悲恋伝説

言い伝えによると、武蔵《むさし》武士団の棟梁《とうりょう》に鎌倉幕府の開幕に貢献した畠山重忠《はたけやましげただ》という人物がいた。重忠は鎌倉への往復の折、宿場のあった現在の恋ヶ窪へ立ち寄り、夙妻太夫《あさづまだゆう》という遊女の虜《とりこ》になる。

やがて重忠に平家追討の命が下ると、重忠は西国へ出陣。夙妻太夫はついていきたいと泣いて懇願したが、戦場に連れていくわけにもいかず、重忠は必ず帰ると約束して旅立った。

身を焦がすような思いで重忠を待ち続けた夙妻太夫。しかし彼女の願いもむなしく、重忠は戦死したとの報せが入る。

じつはこの報せは、夙妻太夫に想いを寄せていた別の男が、二人の仲を引き裂こうとしてついた嘘で、重忠は生きていた。そうとは知らない夙妻太夫は嘆き悲しみ、重忠のあとを追うべく身投げして死んでしまったのである。

村人たちは夙妻太夫を憐れんで、亡骸《なきがら》を丁寧に葬り、塚を築いた。そして塚の上に松を植えた。この松には変わったところがあった。ふつうなら松の葉は二本一対であるはずだが、この松は一葉だけであり、人々はそれを夙妻太夫の悲しみの現われでないかと噂した。

一方、平家を倒して無事に帰還した重忠は、夙妻太夫の死を知って悲嘆にくれたという。

この悲恋伝説は、恋ヶ窪駅から南へ一キロメートルほど離れた、東福寺《とうふくじ》（国分寺市西恋ヶ窪一丁目）境内の傾城墓《けいせいぼ》とその由来碑が伝えている。傾城墓は江戸時代に、由来碑は一九三七（昭和一二）年に建てられた。

また、夙妻太夫の塚に植えられた松は、同じく西恋ヶ窪一丁目の旧家・鈴木家の邸内にあったと伝えられているが、一九八二（昭和五七）年に枯れてしまった。ただ、三代目の松が傾城墓の隣にあり、珍しい一葉松《ひとはまつ》を見ることができる。

この悲恋伝説のほか、同地は湧水が出る池が多く、そこに鯉が多くいたことから「鯉ヶ《こいが》窪《くぼ》」が転じて「恋ヶ窪」になったという説や、武蔵国府の府中に近い窪地なので、「国府《こう》ヶ窪《がくぼ》」と呼ばれ、それが「恋ヶ窪」になったとする説もある。

実際のところ、恋ヶ窪の地名の由来について、どの説が正しいのかはわからない。しかし、一四八六（文明一八）年に道興准后《どうこうじゅごう》という僧侶が書いた『廻国雑記《かいこくざっき》』に、「恋が窪といへる所にて、……」という表記があることから、「恋」の字が早くから当てられていたことはわかっている。

新宿線 SS 26
狭山市《さやまし》
Sayamashi

# 埼玉県「狭山市」の市名は、名産品のお茶が由来！

狭山市《さやまし》の狭山という名称は、もともと関東平野の西に広がった丘陵全体を指す広域地名だった。一帯に広がる狭山丘陵は、埼玉県の入間市や所沢市を含み、東京都の東村山市や東大和市などにもまたがっている。

その「狭山」が自治体名に採用されたのは、一九五四（昭和二九）年のこと。前年に町村合併促進法《ちょうそんがっぺいそくしんほう》が公布され、全国で市町村合併が盛んになっていた時期である。入間川町《いるまがわまち》と、近隣の五つの村（入間《いるま》、堀兼《ほりかね》、奥富《おくとみ》、柏原《かしわばら》、水富《みずとみ》）が合併して市を設置することとなり、これが狭山市となった。

市名の決定は慎重を期すため、合併協議会では町村長や各種団体の代表などにより意見交換がなされたが、狭山に決定するまでは難航したという。合併の中心である入間川町は、入間川の名を残すことを主張したが、これにほかの村が反対した。入間川案の対抗馬となったのが狭山案だった。議論には茶の生産業者も参加しており、彼らは茶のブランド名となっている狭山を新市名にと主張した。

狭山茶は、静岡茶、宇治《うじ》茶と並んで日本三大茶とされる銘茶である。戦時中、茶の栽培業は一時廃れたものの、戦後に復興を遂げ、合併の時期には大規模な茶園も増えていた。新しい市となる一帯は狭山茶の生産地であり、自治体名に狭山をつければ茶に関連する商工業者に利益をもたらすということで、しだいに狭山市案へと傾いていった。

しかし、話し合いだけでは決着がつかなかったことから、最後は、各町村長による投票に委ねられることになった。ルールは一人二つの名称を書いて一番得票の多いものとするというものだった。この結果、狭山票がトップとなったのである。

埼玉県知事に提出した狭山市設置申請書には、新市名の由来として、狭山は歴史的にも古い地名であり関係町村が狭山丘陵地帯にあること、一帯で生産している狭山茶の名をアピールでき、商工業者にも利益が見込めるということが明記された。

しかしである。じつは狭山市は、本来の狭山丘陵の北端に位置しており、狭山丘陵の名を代表して冠するには、少し心もとない場所にある。さらに、市名決定の根拠となった狭山茶も、近年では隣接する入間市のほうが生産が盛んで、狭山市が名産地とは言い難い状況にある。

現在は首都圏のベッドタウンとして、お茶に代わる新しい狭山の顔ができつつあるようだ。

# どうして埼玉の奥地に古代朝鮮の国の名がつけられたのか?

池袋線 SI 28

高麗《こま》

Koma

池袋を起点とする池袋線は、武蔵野台地のなかを走り、奥武蔵《おくむさし》の山間部へ分け入って吾《あが》野《の》へ至る路線である。途中の飯能《はんのう》から先は奥武蔵の山岳路線の様相を呈し、緑豊かな景観が続く。

その途中に高麗《こま》という名の駅がある。一八九六(明治二九)年まで、周辺が高麗郡《こまぐん》という行政区分だったことにちなんでいる。「高麗」は朝鮮やその周辺を指す言葉として、古くから日本で用いられていた。それが、ここ埼玉でも地名として使われてきたのは、ここがかつて朝鮮半島から渡ってきた人々(渡来人《とらいじん》)によって開拓された場所だったからである。

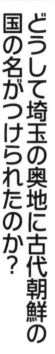

渡来人がやってきたのは七~八世紀頃。当時は、朝鮮半島に存在していた百済《くだら》や高句麗《こうくり》といった国が相次いで滅亡した時期で、半島情勢は非常に混乱していた。そのため、難を逃れるために多くの人々が日本へ渡ってきたのである。

一方日本では、大和朝廷が支配を拡大するべく、未開の地であった東国遠征に乗り出していた。上野国《こうずけのくに》（現・群馬県）には反朝廷派の上毛野氏《かみつけのうじ》がいて手を焼いていた。そこで朝廷は、農業や牧畜、紡績、鍛冶など、半島の先進的な技術を持った渡来人を東国へ派遣して開拓させ、反朝廷派を牽制するための拠点としたのである。

東国には渡来人を集住させた郡が五カ所設けられ、武蔵国には、そのうち三カ所が上毛野氏対策として置かれた。その一つが武蔵国《むさしのくに》の北辺に位置する高麗郡だった。

高麗郡は、七一六（霊亀二）年頃、関東七国（駿河《するが》、甲斐《かい》、相模《さがみ》、上総《かずさ》、下総《しもうさ》、常陸《ひたち》、下野《しもつけ》）に散在していた高麗人一七九九名を、この地に集住させたことに始まる。そのとき、彼らを束ねる郡長としてこの地を治めたのが高麗王 若光《こまのこきしじゃっこう》という人物だ。若光は朝廷より「王」の姓が与えられ、人々から崇められたという。

現在は、若光自身を主祭神とする高麗神社《こまじんじゃ》が高麗川沿いにあり、若光の子孫が宮司を務めている。そのほか、若光が故国からもってきたとされる仏像を本尊とする勝楽寺《しょうらくじ》もある。

寺社のほかにも高麗駅周辺には渡来人の里を偲ばせるものがある。駅前広場にある赤いトーテムポールだ。左のポールには「天下大将軍」、右のポールには「地下女将軍」とある。これは朝鮮に伝わる将軍標《しょうぐんひょう》というもので、悪魔退治や災厄防除の神として村の入り口に立てるものである。駅前の将軍標は、二〇〇四（平成一六）年に建てられたものだ。

# 戦前の多摩湖周辺に「村山貯水池」を冠した駅が乱立していたワケ

狭山線 西武園線 多摩湖線

SI 41　SK 06　ST 07

山口線

SY 01　SY 03

せいぶきゅうじょうまえ
西武球場前
Seibukyūjō-mae

せいぶえん
西武園
Seibuen

たまこ
多摩湖
Tamako

東京都と埼玉県にまたがる狭山丘陵は、多摩湖を中心に、西武園《せいぶえん》ゆうえんちやベルーナドーム（西武ドーム）、西武園ゴルフ場、狭山スキー場などが建ち並び、年間五〇〇万人以上が訪れる人気レジャースポットである。

これらの施設は、どれも西武グループが経営するもので、アクセスも西武鉄道が担う。周囲には、西武球場前駅、西武園駅、多摩湖駅、西武園ゆうえんち駅など、狭山線、西武園線、山口線、多摩湖線など複数の路線の駅がある。

一帯が観光開発の対象として注目されたのは、狭山丘陵が有数の森林地帯であり、江戸時代から知られていた景勝地だったこともあるが、直接のきっかけとなったのは村山貯水《むらやまちょすい》池《ち》（多摩湖《たまこ》）の完成だった。

村山貯水池は、東京市への給水能力を補うため、一九二七（昭和二）年に建設された。完成すると、狭山丘陵の豊かな自然を有する村山貯水池は、一躍行楽地となり、多くの観光客が訪れるようになった。

そこへ、私鉄各社が進出してきた結果、村山貯水池の近くに三つの駅が誕生した。「村《むら》山貯水池前《やまちょすいちまえ》」「村山貯水池際《むらやまちょすいちきわ》」「村山貯水池《むらやまちょすいち》」である。

これらはあまりにも似た名前のために紛らわしく、行楽客を悩ませた。帰りの列車に乗る駅がわからず、付近の住民に訪ねたところ、違う駅を案内され、引き返すハメになった行楽客もいたという。

## 三つの会社による行楽客争奪戦が勃発

このような事態が生じたのは、それぞれの駅へ通じる三本の路線が、別々の鉄道会社によって運営されていたからだ。

三社のなかで、貯水池までもっとも早く敷設したのが武蔵野鉄道《むさしのてつどう》で、一九二九（昭和四）年五月に、西所沢《にしところざわ》から分岐して貯水池北岸へ至る支線を開通させた。現在の狭山線に当たり、駅は西武球場前駅より少し湖に近い場所で、この時点では「村山公園《むらやまこうえん》」駅という名称だった。

翌年の一月、国分寺駅から延伸してきた多摩湖鉄道《たまこてつどう》が、現在の武蔵大和《むさしやまと》駅付近に「村山《むらやま》貯水池《ちょすいち》（仮）」駅を開設した。多摩湖鉄道は一九二八（昭和三）年に設立された箱根土地株式会社の子会社で、現在の多摩湖線に当たる路線を運営していた。

同年にはさらに旧西武鉄道も東村山から「村山貯水池前」駅まで、現在の西武園線に当たる支線を開通させた。

これを受けて武蔵野鉄道は、より湖に近いことをアピールするために一九三三（昭和八）年、それまでの村山公園駅を「村山貯水池際」駅と改称する。多摩湖鉄道も、一九三六（昭和一一）年に、より湖に近い場所まで線路を延ばし、「仮」を取って「村山貯水池」駅とした。これにより、一帯に村山貯水池という名前を冠した別々の路線の駅が三つも存在する事態になったというわけである。

人気スポットの名前を冠して、なんとか他社に対抗して乗客を呼び込もうとした三社は、PR活動も熾烈だった。武蔵野鉄道が「池袋から一番近い」と宣伝すれば、旧西武鉄道が「急行で三〇分」と宣伝した。

しかし戦局が厳しくなった一九四四（昭和一九）二月、武蔵野鉄道が西所沢からの路線を休止、五月には旧西武鉄道も東村山からの路線を休止するに至った。

争奪戦を繰り広げた三つの鉄道会社は、結果的に西武鉄道という一つの会社になり、休止路線も戦後に復活して三線が残った。現在も多摩湖周辺に西武鉄道のアクセス駅が多いのはそのためである。

## 「村山貯水池」が冠された三つの駅

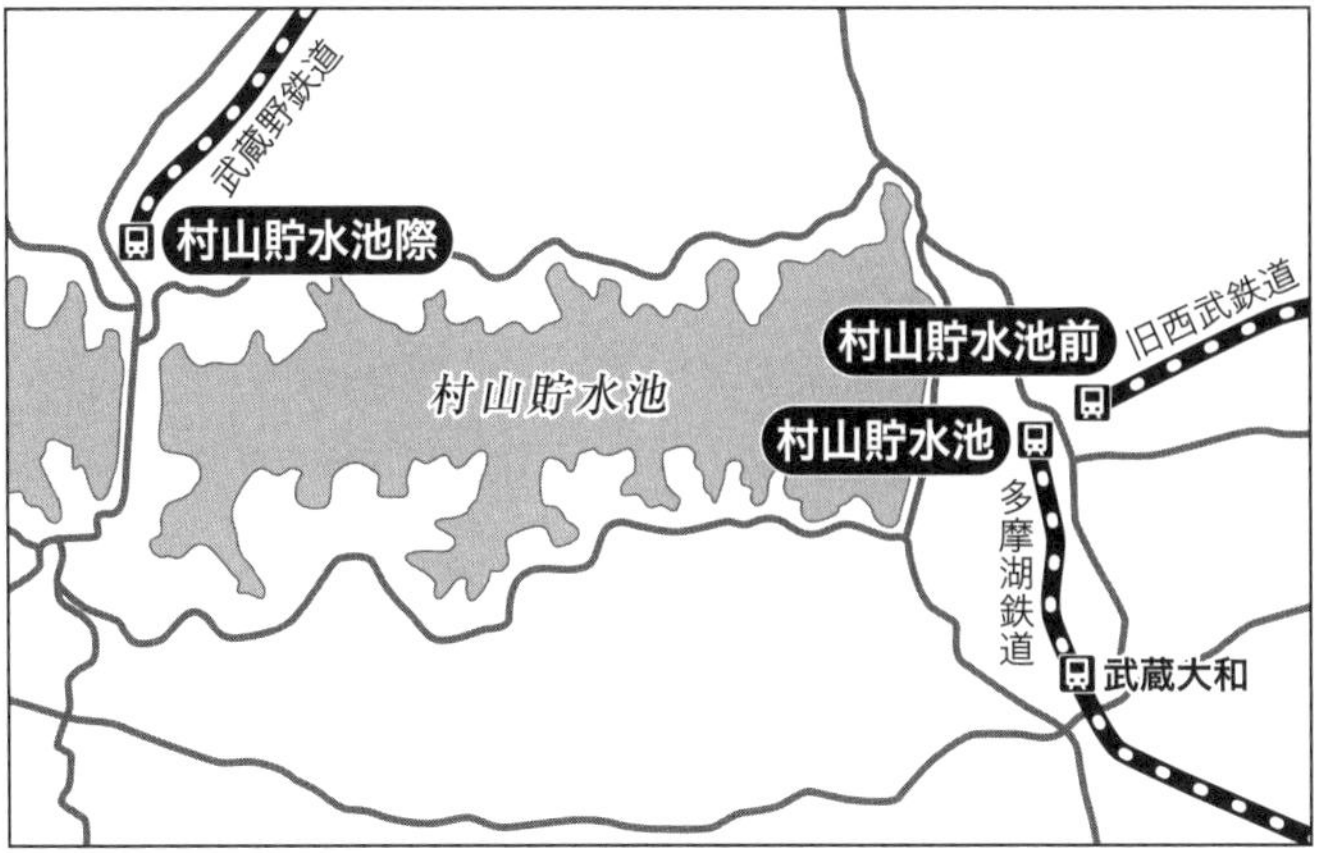


村山貯水池が完成すると、私鉄三社が次々に延伸。観光客誘致のために、各々が「村山貯水池」を冠した駅名としたため、観光客は混乱した。

## 村山貯水池アクセス駅駅名

| 武蔵野鉄道 | 多摩湖鉄道 | 旧西武鉄道 |
|---|---|---|
| 村山公園駅（1929年開業）<br>↓<br>村山貯水池際駅（1933年改称）<br>↓<br>村山駅（1941年改称）<br>↓<br>西武球場前駅（1979年改称） | 村山貯水池（仮）駅（1930年開業）<br>↓<br>村山貯水池駅（1936年延伸開業）<br>↓<br>狭山公園前駅（1941年改称）<br>↓<br>西武遊園地駅（1979年改称）<br>↓<br>多摩湖駅（2021年改称） | 村山貯水池前駅（1930年開業）<br>↓<br>狭山公園駅（1941年改称）<br>↓<br>西武園駅（1950年改称） |

三つの駅に「村山貯水池」の名が冠されたのは1933（昭和8）年以降のこと。戦時下の1941（昭和16）年に改称されるまで、三社間の熾烈な旅客争奪戦が行なわれた。

# 「所沢飛行場駅」の近くに「所沢飛行場前駅」を設けた旧西武の思惑

池袋線 SS 22
新宿線 SI 17

所沢《ところざわ》
Tokorozawa

所沢《ところざわ》市は三〇万人を超える人口を抱え、埼玉県西部を代表する都市である。ここはかつて日本初の飛行場である所沢飛行場《ところざわひこうじょう》が開設されたことから、日本の航空発祥の地としても知られている。

この地に所沢飛行場ができたのは一九一一（明治四四）年のことだ。軍用の飛行場だったことから、多くの人がここで軍需産業に従事し、一九三八（昭和一三）年になると、その足として二つのアクセス駅が開業した。「所沢飛行場《ところざわひこうじょう》」駅と「所沢飛行場前《ところざわひこうじょうまえ》」駅だ。軍部から開設の働きかけがあったためだが、駅名に「前」がつくか否かの違いしかなく、かなり紛らわしかった。

先にできたのは、武蔵野鉄道が一九三八年二月一九日に開業した「所沢飛行場」駅。場所は現在の所沢駅から東へ五〇〇メートルほど離れたカーブの途中、小金井街道の旭町交差点の南に位置する踏切付近である。開業時の名称は「松井村《まついむら》」駅だったが、わずか一〇日ほどのちの三月一日に、「所沢飛行場」駅に改称された。

一方の「所沢飛行場前」駅は、武蔵野鉄道のライバルであった旧西武鉄道が、同年の六月二一日に開業した駅だ。開設した場所は、現在の所沢駅から北へ八〇〇メートルほど、国道四六三号の西新井町信号から少し南へ下ったところである。「前」をつけただけの似た名前にしたのは、一説によるとライバルだった武蔵野鉄道を意識したからではないかといわれている。

当時は小さな町だった所沢だが、すでに市内には「所沢」駅と「西所沢」駅の二つがあった。それに加え、新しく所沢飛行場駅と所沢飛行場前駅が開設されたことによって、「所沢」を冠する四つの駅が立地することになったのである。

## 二つの駅は改称され、のちに廃止へ

紛らわしい駅名で営業していた「所沢飛行場」駅と「所沢飛行場前」駅であったが、やがてどちらの駅名も改称される。戦況が緊迫してきたため、軍事施設の存在が明らかになるような駅名はふさわしくないと判断されたのである。所沢飛行場駅は一九四〇（昭和一五）年一〇月一〇日に「東所沢《ひがしところざわ》」駅に、所沢飛行場前駅は一九四一（昭和一六）年四月一日に「御幸町《みゆきちょう》」駅にそれぞれ改称された。

その後、東所沢駅は一九四五（昭和二〇）年二月三日に閉鎖されている。この経緯について記録は残っていないが、時期は空襲が激しさを増していた頃と重なる。所沢飛行場も同日に休止していることから、戦況悪化に伴い駅も閉鎖したものと考えられる。

一方の御幸町駅は、戦後しばらく残っていた。所沢飛行場へ運ぶ物資を集積する貨物駅としてである。

しかしこれも長くは続かなかった。御幸町駅からは飛行場内への線路がなく、そのあいだは車で運搬していた。飛行場内へ引き込み線を敷設しようにも高低差があり、敷設が難しかったのである。そのため、新しい駅が二キロメートルほど北西に離れた地点に開設されることになった。

その新駅は、一九五一（昭和二六）年六月一一日に「北所沢《きたところざわ》」駅として開業した。こうして貨物駅としての役割がそちらに移り、御幸町駅は廃止されたのである。

なお、北所沢駅は、一九五九（昭和三四）年二月一日に「新所沢《しんところざわ》」駅に改称して、現在に至っている。

## かつて存在した二つの所沢飛行場アクセス駅

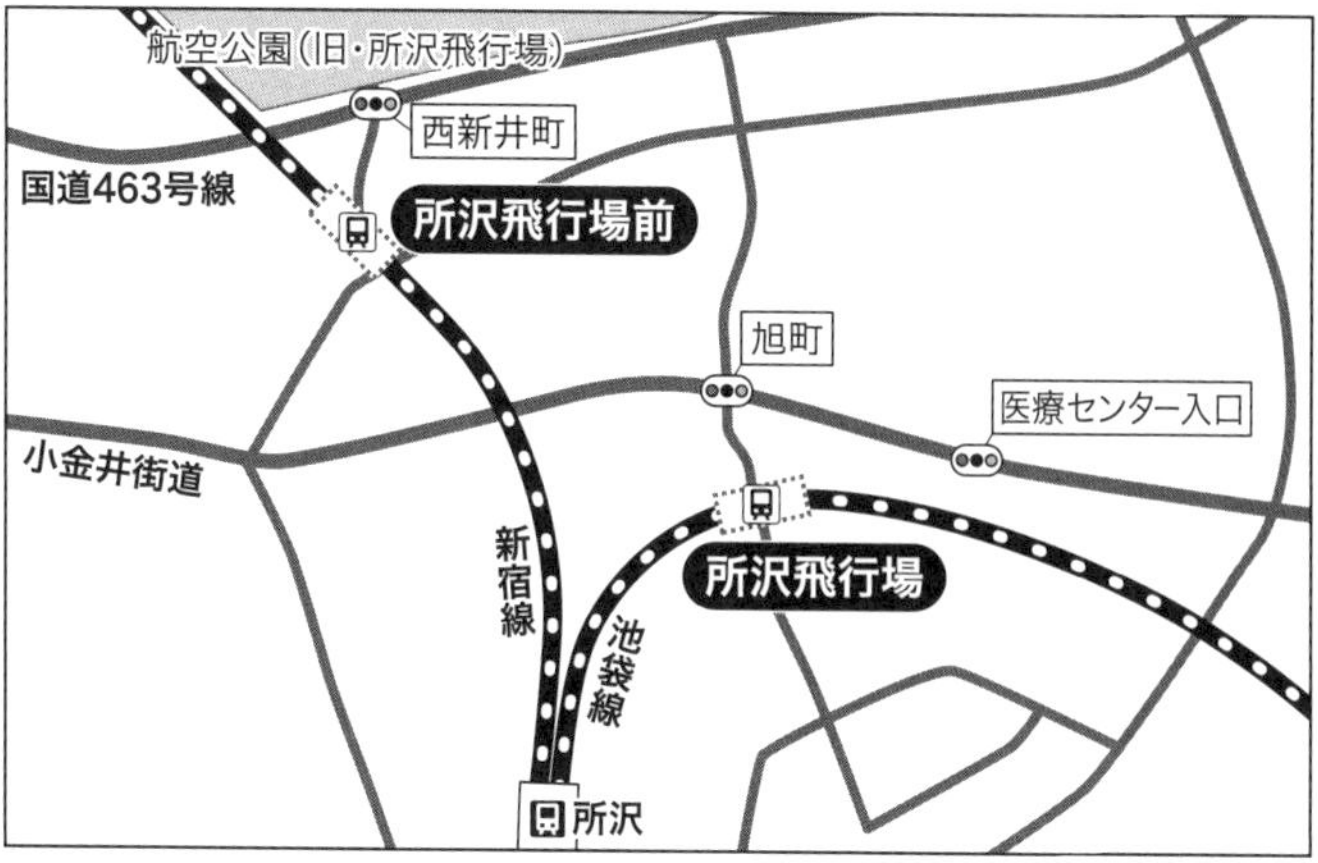


## 所沢飛行場アクセス駅、駅名変遷

| 武蔵野鉄道 | 旧西武鉄道 |
|---|---|
| 松井村駅開業<br>（1938年2月）<br>↓<br>所沢飛行場駅へ改称<br>（1938年3月）<br>↓<br>東所沢駅へ改称<br>（1940年10月）<br>↓<br>廃止<br>（1945年2月） | 所沢飛行場前駅開業<br>（1938年6月）<br>↓<br>御幸町駅へ改称<br>（1941年4月）<br>↓<br>北所沢（現・新所沢）駅新設のため廃止<br>（1951年6月） |

1938（昭和13）年から1940（昭和15）年までの間、所沢飛行場の南側には、「所沢飛行場」駅と「所沢飛行場前」駅の二つが存在した。

〈取材協力〉

西武鉄道／所沢市／小平市／入間市／川越市／杉並区／武甲山資料館／飯能市郷土館／東京都水道局／あけぼの子ども森公園／ボートレース多摩川／横瀬町観光産業振興協会／航空自衛隊入間基地／落合蛍を育てる会／都立家政商店街振興組合／八坂神社／徳蔵寺

〈参考文献〉

『田無　いま・むかし　合本第1号〜第10号』西東京市中央図書館地域・行政資料室編（西東京市中央図書館地域・行政資料室）／『田無市史　第三巻　通史編』田無市史編さん委員会編（田無市企画部市史編さん室）／『東村山市史２　通史編　下』『東村山市史研究　第10号、第13号』東村山市史編さん委員会編（以上、東村山市）／『東大和市史資料編２　多摩湖の原風景』東大和市史編さん委員会編（東大和市）／『府中市史近代編資料集第12集』東京都府中市史編さん委員会編（府中市）／『狭山市史　現代資料編』狭山市編（狭山市）／『川越市史第四巻近代編』川越市総務部市史編纂室編（川越市）／『中野のまちと刑務所　中野刑務所発祥から水と緑の公園まで』中野区企画部編（中野区）／『武州多摩郡野方領　下井草村編年史』『杉並の地名』杉並区教育委員会編（以上、杉並区教育委員会）／『練馬区史　現勢編』練馬区史編さん協議会編、『練馬区小史　練馬区独立40周年記念』練馬区編（以上、練馬区）／『練馬の寺院』練馬区教育委員会編（練馬区教育委員会）／『文化財研究発表報告書　下横瀬村出入一件　黒船来航期における秩父火薬』文化財審議会編（横瀬村教育委員会）／『〈図解〉新説　全国未完成鉄道路線』川島令三、『江戸っ子は虫歯しらず？』石山英輔、『物見遊山と日本人』神崎宣武（以上、講談社）／『ここだけは見ておきたい　東京の近代建築Ⅰ　皇居周辺・23区西部・多摩』小林一郎、『首都防空網と〈空都〉多摩』鈴木芳行、『歴史散歩11　埼玉県の歴史散歩』埼玉県高等学校社会科教育研究会歴史部会編、『多摩と甲州道中』新井勝紘、松本三喜夫（以上、吉川弘文館）／『日本城郭大系　第5巻　埼玉・東京』平井聖、『上州新田一族』奥富敬之（以上、新人物往来社）／『西武鉄道のひみつ』ＰＨＰ研究所編、『続　駅名で読む江戸・東京』大石学（以上、ＰＨＰ研究所）／『新・鉄道廃線跡を歩く２　南東北・関東編』今尾恵介編著、『鉄道廃線跡を歩くⅤ』宮脇俊三編著、『鉄道未成線を歩く〈私鉄編〉　夢破れて消えた鉄道計画線　実地踏査』森口誠之、『東京電車のある風景　今昔Ⅱ』吉川文夫（以上、ＪＴＢ）／『地形で読み解く鉄道路線の謎　首都圏編』竹内正浩、『武蔵野線まるごと探見』三好好三、垣本泰宏（以上、ＪＴＢパブリッシング）／『西武新宿線　街と駅の１世紀』『西武池袋線　街と駅の１世紀』矢嶋秀一、『東京いまとむかし　祭り、行事、伝説を訪ねて』山本富夫（以上、彩流社）／『写真で見る西武鉄道１００年』（ネコ・パブリッシング）／『西武新宿線歴史散歩』和泉たか子、『西武池袋線歴史散歩』川目竜央・菊地由紀（以上、鷹書房）／『東京の鉄道遺産　百四十年を歩く　下　発展期篇』山田俊明、『東村山を歩き尽くす　まちの横顔探訪散策ガイド』里中遊歩、日高トモキチほか、『駅からあるく西武線』大滝玲子（以上、けやき出版）／『多摩の地名』保坂芳春、『多摩　駅名の由来』グループ「うつぎ」（以上、武蔵野郷土史刊行会）／『地図で読む　戦争の時代　描かれた日本、描かれなかった日本』『地図と鉄道省文書で読む　私鉄の歩み　京王・西武・東武２』今尾恵介（以上、白水社）／『哲学堂公園』前島康彦、『石神井・善福寺公園』佐藤保雄（以上、郷学舎）／『新宿歴史博物館特別展図録　特急電車と沿線風景　〜小田急・京王・西武のあゆみと地域の変遷〜』新宿歴史博物館編（新宿区生涯学習財団）／『特別展　鉄道の開通と小さな旅　西武・東上線の観光』練馬区立石神井公園ふるさと文化館編（練馬区立石神井公園ふるさと文化館）／『企画展図録　湖郷　狭山丘陵の「多摩湖」「狭山湖」をめぐる５つの話』東村山ふるさと歴史館編、『楽しむ鉄道たち　各地の遊覧鉄道と西武鉄道のおとぎ列車』岡本憲之（以上、東村山ふるさと歴史館）／『西武鉄道拝島線』北村拓監修、『多摩湖鉄道』東大和交通史研究の会編（以上、東大和交通史研究の会）／『タマケン。知のミュージアム　多摩・武蔵野検定公式テキスト』社団法人学術・文化・産業ネットワーク多摩（ダイヤモンド社）／『全国鉄道事情大研究　東京北部・埼玉篇①』川島令三（草思社）／『ふたつの西武』立石泰則（日本経済新聞社）／『角川日本地名大辞典11　埼玉県』（角川書店）／『環状線でわかる東京の鉄道網』藤本均（たちばな出版）／『関東武士研究叢書　第五巻　豊嶋氏の研究』杉山博編（名著出版）／『旧鎌倉街道』芳賀善次郎（さきたま出版会）／『玉川上水武蔵野ふしぎ散歩　狭山丘陵から新宿までの７コース』福田恵一（農山漁村文化協会）／『獄中の昭和史』社会運動史的に記録する会編（青木書店）／『埼玉の城址めぐり』西野博道編著（幹書房）／『埼玉鉄道物語　鉄道・地域・経済』老川慶喜（日本経済評論社）／『山手線の東京案内［鉄道と地図のフォークロア］』木本淳（批評社）／『社史に見る東京の私鉄を歩く』藤本均（冬青社）／『消えた駅名　駅名改称の裏に隠された謎と秘密』今尾恵介（東京堂出版）／『新版　江戸風物詩』川崎房五郎（光風社出版）／『東やまとの散歩道』内堀輝志（遊無有）／『東京の郷土玩具』横山宗一郎（芳賀書店）／『西武新宿線各駅停車』高野登・石井恒男（椿書院）／『戦争の記憶を武蔵野にたずねて』牛田守彦、高柳昌久（ぶんしん出版）／『多摩　幻の鉄道　廃線跡を行く』山田俊明（のんぶる舎）／『川越鉄道の思いで座談会　川越鉄道開通１００周年記念誌』鉄道開通１００周年記念事業実行委員会編（鉄道開通１００周年記念事業実行委員会）／『多摩　歴史と文化の散歩道』（ＴＯＫＩＭＥＫＩ　パブリッシング）／『多摩の鉄道百年』野田正徳・原田勝正ほか編（日本経済評論社）／『秩父歴史散歩Ｉ　秩父鉄道沿線』山田英二（有峰書店新社）／『堤康次郎と西武グループの形成』大西健夫、齋藤憲ほか編（知泉書館）／『多摩　鉄道とまちづくりのあゆみＩ、Ⅱ』多摩の交通と都市形成史研究会編（財団法人　東京市町村自治調査会）／『新多摩川誌　本編』新多摩川誌編集委員会編著（財団法人　河川環境管理財団）／『武蔵野歴史めぐり』ＴＡＭＡ３ぶんかざいユニット編著（七賢出版）／『日本の戦争遺跡』戦争遺跡保存全国ネットワーク編著（平凡社）／『日本の龍勢＆バンブーロケット』飯島正治監修（ＮＰＯ法人野外調査研究所・吉田龍勢保存会）／『平成22年度　秋季特別展　学園都市開発と幻の鉄道』くにたち郷土文化館編（財団法人くにたち文化・スポーツ振興財団）／『名勝小金井の今昔』桜井信夫（ネット武蔵野）／『歴史と風土　武蔵野』桜井正信（社会思想社）／『歴史細見　武蔵野』桜井正信（八坂書房）／『武蔵野三十三所観音巡礼』白木利幸著、武蔵野観音霊場会編（朱鷺書房）／『練馬・光が丘・大泉　わがまち発見③』やまびこ社編（リブロポート）／『多摩のあゆみ　第11号』多摩文化資料室編（多摩中央信用金庫）／『多摩のあゆみ　第69号、第73号、第90号、第１１１号、第１３９号』たましん歴史・美術館編（財団法人　たましん地域文化財団）／『鉄道ジャーナル　Ｎｏ．５８０』（鉄道ジャーナル社）／『鉄道ピクトリアル　第52巻４号』（電気車研究会・鉄道図書刊行会）／『土木技術　63巻８号』（土木技術社）／『都政研究　３１８号』（都政研究社）／朝日新聞／読売新聞／日本経済新聞／産経新聞／毎日新聞

〈ウェブサイト〉

国土交通省／国土地理院／関東運輸局／狭山市／中野区／豊島区／練馬区／所沢市立図書館／東村山市立図書館／入間市博物館／横瀬町観光産業振興協会／武蔵野三十三観音霊場／鉄道ホビダス／東急リバブル／日本民営鉄道協会／拝島大師／武陽ガス／Ｆｉｎｄ Ｔｒａｖｅｌ／Ｊタウンネット／ＩＴｍｅｄｉａ／ＮＩＫＫＥＩ住宅サーチ／Ｒｅｓｐｏｎｓｅ／Ｔｒａｖｅｌ．ｊｐ／ＵＲ賃貸情報センター／ニュース川越／フィンテック・グローバル／住友不動産販売／下落合みどりトラスト基金／ＮＨＫ／ＴＯＫＹＯ ＭＸ

監　修

**高嶋修一**（たかしましゅういち）

1975年生まれ。青山学院大学経済学部准教授。専門は日本経済史で、とくに近現代の都市史・交通史を研究テーマとする。著書に『都市近郊の耕地整理と地域社会』、『西日本鉄道百年史』（共著）、監修として『東武沿線の不思議と謎』（実業之日本社）などがある。

※本書は書き下ろしオリジナルです。内容は2016年執筆時のものに、2024年2月に一部施設の名称変更等を修正したものです。今後も経年変化等により、掲載内容・各種情報が予告なく変わる可能性があります。また現地へお出かけになる際には、必ず事前に各種情報と現地の情報をご確認の上でお出かけください。

じっぴコンパクト新書　280

JIPPI Compact

西武沿線《せいぶえんせん》の不思議《ふしぎ》と謎《なぞ》

2016年1月15日　初版第1刷発行
2024年3月 1 日　初版第4刷発行

監修者……………高嶋修一
発行者……………岩野裕一
発行所……………株式会社実業之日本社
〒107-0062 東京都港区南青山6-6-22 emergence 2
電話（編集）03-6809-0452
　　（販売）03-6809-0495
https://www.j-n.co.jp/
印刷・製本…………大日本印刷株式会社


ISBN978-4-408-11170-4（第一趣味）